Fundamentos de marketing

SÉRIE ADMINISTRAÇÃO E NEGÓCIOS

Valesca Persch Reichelt

Fundamentos de marketing

Av. Vicente Machado, 317 . 14º andar
Centro . CEP 80420-010 . Curitiba . PR . Brasil
Fone: (41) 2103-7306
www.editoraintersaberes.com.br
editora@editoraintersaberes.com.br

EDITORA
intersaberes

Conselho editorial
Dr. Ivo José Both (presidente)
Drª. Elena Godoy
Dr. Nelson Luís Dias
Dr. Ulf Gregor Baranow

Editor-chefe
Lindsay Azambuja

Editor-assistente
Ariadne Nunes Wenger

Projeto gráfico
Raphael Bernadelli

Capa
Lado B (Marco Mazzarotto)

Fotografias da Capa
Piotr Marcinski/PantherMedia

1ª edição, 2013.
Foi feito o depósito legal.

Informamos que é de inteira responsabilidade da autora a emissão de conceitos.

Nenhuma parte desta publicação poderá ser reproduzida por qualquer meio ou forma sem a prévia autorização da Editora InterSaberes.

A violação dos direitos autorais é crime estabelecido na Lei nº 9.610/1998 e punido pelo art. 184 do Código Penal.

Dados Internacionais de Catalogação na Publicação (CIP)
(Câmara Brasileira do Livro, SP, Brasil)

Reichelt, Valesca Persch
Fundamentos de marketing/Valesca Persch Reichelt. – Curitiba: InterSaberes, 2013. – (Série Administração e Negócios).

Bibliografia.
ISBN 978-85-8212-739-1

1. Marketing – Estudo e ensino 2. Marketing – Planejamento 3. Planejamento estratégico I. Título. II. Série.

12-14549　　　　　　　　　　　　　　　CDD-658.807

Índices para catálogo sistemático:
 1. Marketing: Administração de empresas: Estudo e ensino 658.807

Sumário

Apresentação, IX

(1) Conceitos essenciais de marketing, 13

1.1 O conceito de marketing, 16

1.2 Mercado, 19

1.3 O processo de troca, 21

1.4 Satisfação, 22

1.5 Produtos, 24

1.6 Valor agregado a bens e serviços, 25

1.7 Necessidades e desejos, 27

(2) Orientações da empresa para o mercado, 31
  2.1 Orientação para a produção, 35
  2.2 Orientação para o produto, 36
  2.3 Orientação para as vendas, 37
  2.4 Orientação para o marketing, 39
  2.5 Orientação para o marketing holístico, 41

(3) Estudo do comportamento do consumidor, 45
  3.1 Por que estudar o comportamento do consumidor?, 48
  3.2 Os aspectos que influenciam o comportamento do consumidor, 49
  3.3 Papéis de compra, 56
  3.4 O processo de decisão de compra, 57

(4) Introdução ao planejamento estratégico de marketing, 61
  4.1 O processo estratégico de marketing, 64
  4.2 Primeiro passo: análise, 65
  4.3 Segundo passo: planejamento, 68
  4.4 Terceiro passo: implementação, 77
  4.5 Quarto passo: controle, 78

(5) Composto de marketing, 81
  5.1 Composto de marketing: os 4 Ps, 84

(6) Análise de segmentos e posicionamento estratégico de mercado, 97
  6.1 Segmentação de consumidores, 100
  6.2 Posicionamento de mercado, 106

(7) Marketing de relacionamento e fidelidade de clientes, 113
  7.1 Conceito, 116
  7.2 Níveis do marketing de relacionamento, 120
  7.3 A importância da tecnologia no marketing de relacionamento, 122
  7.4 Fidelidade de clientes, 124

7.5 Fases da fidelização, 126
7.6 Benefícios da fidelização de clientes para a empresa, 129
7.7 Programas de fidelização, 130

(8) Implementação do marketing de relacionamento, 133
    8.1 Implementação do marketing de relacionamento em empresas de serviços, 136
    8.2 Comunicação com os clientes, 142
    8.3 Reclamações e sugestões, 143
    8.4 Envolvimento dos funcionários e endomarketing, 145

(9) Sistemas de informações de marketing (SIM), 149
    9.1 Conceito de SIM, 153
    9.2 Componentes de um SIM, 155

(10) Pesquisa de marketing, 161

Referências, 175

Gabarito, 179

Apresentação

É com satisfação que apresentamos esta obra, que foi desenvolvida com muito afinco e com o objetivo de apresentar os principais fundamentos de marketing. Essa área, atualmente em posição de destaque no mundo dos negócios, é encarregada de atrair clientes para as organizações. E, como todos nós sabemos, nenhuma empresa sobrevive sem clientes! Diante dessa realidade, ressaltada pela ampla competição entre empresas e pelo crescente número de opções disponíveis aos consumidores no mercado, a área de marketing apresenta relevância crescente, tanto no mundo empresarial quanto nos estudos de administração.

Pensando nisso, este livro foi escrito com o propósito de trazer uma visão abrangente do marketing, perpassando os principais temas que norteiam essa área. Para isso, a obra se inicia com uma abordagem dos conceitos fundamentais do marketing e de sua terminologia, passo essencial para uma maior aprendizagem sobre o tema. Em seguida, no Capítulo 2, são abordadas as orientações da empresa para o mercado, demonstrando, de certa forma, a evolução histórica do conceito desse termo.

O Capítulo 3 explora um assunto extremamente relevante em marketing – o estudo do comportamento do consumidor. Ressalta-se que, sob a ótica dessa área, o consumidor está no centro das atenções e deve nortear as decisões tomadas pelas empresas. Nesse sentido, os Capítulos 4, 5 e 6 abordam as decisões estratégicas que devem ser tomadas para o desenvolvimento de uma boa estratégia de marketing.

Atualmente, a grande preocupação das empresas está em manter seus clientes, conquistando sua fidelidade. Uma das formas de atingir esse objetivo é a adoção de ferramentas de marketing de relacionamento, que são examinadas nos Capítulos 7 e 8 deste livro.

Por fim, os Capítulos 9 e 10 tratam da obtenção de informações do mercado, por meio dos processos do sistema de informações de marketing (SIM) e da pesquisa mercadológica. É importante ressaltar que, sem pesquisa, não se faz marketing, pois a obtenção de informações de mercado é de suma importância para as decisões estratégicas e mercadológicas.

Assim, esperamos conseguir sanar as principais dúvidas sobre esse tema tão atual e instigante. O tempo e o espaço limitados nos impedem de exaurir o tema, mas esperamos sinceramente que este seja o ponto de partida para vários outros estudos e pesquisas sobre o assunto.

Boa leitura!

(1)

Conceitos essenciais de marketing*

Valesca Persch Reichelt é doutora em Administração, com ênfase em Mercadologia (2007), pela Fundação Getulio Vargas (FGV) e mestre em Administração, com ênfase em Marketing (2001), pela Escola de Administração de Empresas de São Paulo da Fundação Getulio Vargas (EAESP/FGV) e a Stockholm School of Economics (Suécia). É bacharel em Administração, com ênfase em Marketing (1197), pela Universidade Federal do Rio Grande do Sul (UFRGS). Realiza trabalhos de pesquisa e consultoria para empresas na área de marketing e planejamento.

* Este capítulo foi fundamentado em Ferrel; Hartline (2005); Kotler (2005); Kotler; Keller (2006); Hooley (2006); Richers (2006).

Valesca Persch Reichelt

Este capítulo tem como objetivo explicitar o conceito de marketing, no intuito de nos familiarizarmos com os principais termos e conceitos considerados importantes para essa área, entre os quais destacamos: troca, satisfação, produtos, valor, necessidades e desejos.

(1.1)
O conceito de marketing

Se fizermos uma pesquisa na internet ou em outras fontes, no intuito de sabermos o que é *marketing*, seguramente encontraremos uma variedade muito grande de respostas. Isso ocorre porque o termo *marketing* está sendo amplamente utilizado; ele está na moda. Alguns confundem marketing com propaganda; no entanto, esse termo significa mais do que isso, embora a propaganda seja uma das ferramentas do marketing. Outros ainda o confundem com "tentar enganar o cliente", "tentar vender algo que o cliente não quer ou não precisa, usando promessas falsas", por exemplo.

Desmistificando essas afirmações equivocadas, podemos afirmar que o objetivo do marketing é atender às necessidades e aos desejos do consumidor de forma lucrativa para a empresa. Para que isso seja possível, o principal desafio é compreender essas necessidades. Por isso, podemos dizer que uma das funções do marketing é "entender para atender". Isso significa que pesquisar todos os aspectos da vida do consumidor – seus hábitos, crenças e preferências –, assim como entender o seu cotidiano e as necessidades que essa vida atribulada traz, é uma tarefa indispensável para a tomada de decisões em marketing.

De uma maneira bem simplificada e resumida, é possível dizer que *marketing* são todas as ações realizadas por uma organização que tenha por finalidade "atrair e reter clientes". Essa estratégia empresarial se ocupa com produtos, com sua distribuição, com possíveis promoções e com preços acessíveis para os consumidores. Ela busca desenvolver e gerenciar produtos que satisfaçam às necessidades dos clientes, sendo sua principal responsabilidade fazer com que o produto de uma dada empresa esteja disponível no lugar certo, no tempo certo e a um preço considerado aceitável pelo comprador. Além disso, é de sua inteira responsabilidade o sistema de comunicação entre o cliente e a empresa, ou seja, é sua atribuição buscar as informações necessárias para que o cliente possa determinar se os produtos ou serviços oferecidos satisfarão as suas necessidades. Todas essas atividades devem ser planejadas, organizadas, implementadas e controladas, tendo em vista sempre atender às necessidades dos clientes dentro do seu nicho de mercado.

Os profissionais de marketing se referem a essas atividades de produção, distribuição, promoção e apreçamento como o *mix* de marketing, posto que elas decidem os tipos de elementos que serão usados e em que volumes serão produzidos. Assim sendo, podemos definir que marketing "é um processo social pelo qual indivíduos e grupos obtêm o que necessitam e desejam por meio da criação, da oferta e da livre troca de produtos e serviços de valor com outros" (Kotler; Keller, 2006, p. 4).

Esse conceito de marketing nos diz que as organizações devem oferecer produtos e serviços que satisfaçam às necessidades, aos desejos e aos valores de seus clientes e o façam por meio de um conjunto de atividades integradas (processos) que lhes permitam alcançar suas metas. Esse conceito é uma filosofia gerencial que guia todas as atividades da organização, ou seja, não basta a empresa possuir um departamento de marketing isolado, que tenta trabalhar sozinho. É preciso que todos os departamentos da organização tenham uma visão apropriada de marketing, o que significa que todos devem estar centrados no cliente e entender a importância de mantê-lo satisfeito e fiel. Essa filosofia com foco na satisfação do cliente é o que irá garantir a sobrevivência da empresa no longo prazo, destacando-se perante seus concorrentes diretos e indiretos.

A Figura 1.1 representa um organograma do que podemos chamar de *marketing integrado*. Essa representação significa que o marketing tem o papel de intermediador entre o consumidor, ou cliente, e os demais departamentos da organização (aqui representamos apenas três departamentos, mas poderia haver outros, conforme a organização em análise). Ou seja, o marketing tem a responsabilidade de levar e trazer informações entre o consumidor e o restante da empresa. Com base na visão de marketing integrado, o cliente se coloca no centro da organização e de todas as suas decisões, tornando-se a peça-chave para o sucesso empresarial.

Figura 1.1 – Marketing integrado

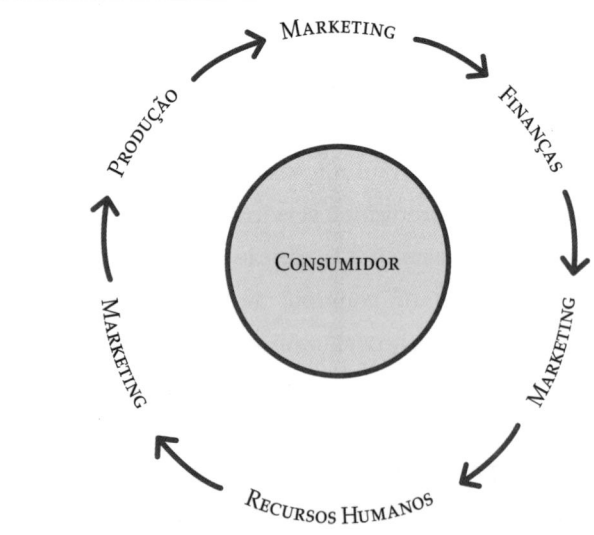

FONTE: KOTLER, 2005, P. 47.

Do ponto de vista organizacional, o marketing assume função de destaque, já que seu foco está totalmente direcionado para a captação de recursos à organização. É ele que se ocupa da criação e do desenvolvimento de novos produtos, bem como da comunicação que promove a divulgação desses produtos aos clientes e, ainda, das estratégias de vendas adotadas. Sabemos que as vendas são a principal fonte de recursos para uma empresa, e estas só são possíveis se houver clientes. Portanto, a preocupação do marketing com esses clientes é legítima e consiste em uma das atividades mais promissoras que uma organização pode realizar.

A seguir, apresentaremos alguns conceitos essenciais para a compreensão de marketing: MERCADO, TROCA, SATISFAÇÃO, VALOR, NECESSIDADES e DESEJOS.

(1.2)

Mercado

Tradicionalmente, relacionamos o termo *mercado* com um local onde são feitas transações de compra e venda. Como exemplo, citamos as feiras de hortifrutigranjeiros que temos perto de casa como verdadeiros mercados a céu aberto, onde diversas mercadorias são transacionadas. Do ponto de vista do marketing, entretanto, chamamos de *mercado* um determinado grupo de compradores. Ao grupo de vendedores, por sua vez, denomina-se *setor* ou *indústria*. A questão geográfica, ou seja, o local onde está esse mercado, perdeu relativamente a importância à medida que as transações virtuais, possibilitadas principalmente pela internet, foram ganhando força.

Ferrell e Hartline (2005) conceituam *mercado* como um grupo de indivíduos ou instituições com necessidades similares que podem ser satisfeitas por um determinado produto ou categoria de produtos. Para Kotler e Keller (2006), os principais mercados de clientes são os seguintes:

- MERCADO CONSUMIDOR: formado por pessoas que compram para uso próprio, sem interesse em revender ou utilizar o produto ou serviço com alguma finalidade comercial. As empresas que buscam esse mercado geralmente investem em desenvolvimento de marcas fortes, como no caso de refrigerantes e cosméticos.
- MERCADO ORGANIZACIONAL: formado por organizações que necessitam comprar insumos e outros produtos ou serviços que permitam o seu funcionamento. As compras são realizadas por profissionais bem treinados e informados, capazes de analisar as propostas de diversos concorrentes, por meio de técnicas específicas. Podemos citar como exemplo uma indústria automobilística que adquire pneus para seus carros.
- MERCADO GLOBAL: constituído fora do Brasil, por consumidores ou organizações estrangeiras. As empresas que atuam no mercado global precisam tomar decisões diferenciadas em relação aos tipos de mercado citados anteriormente, tais como: escolher em quais países ingressar; de que forma fazê-lo; como adaptar as características de seus produtos e serviços a cada um deles; como determinar preços para seus produtos em países diferentes; como adaptar suas comunicações em diferentes culturas.
- MERCADO SEM FINS LUCRATIVOS: constituído por organizações não governamentais (ONGs) ou do terceiro setor, como igrejas, universidades, instituições de caridade ou órgãos públicos.

(1.3)
O processo de troca

Para autores como Cobra (2005), Kotler e Keller (2006), o processo de troca está na essência do marketing. Kotler e Keller (2006, p. 5) acrescentam: "A troca, que é o conceito central do Marketing, envolve a obtenção de um produto desejado de alguém oferecendo algo em troca".

Geralmente, associamos a troca ao dinheiro, e esse elemento está realmente presente em muitas trocas. Entretanto, uma troca não é condicionada à existência do dinheiro. Quando um adolescente troca seu videogame por uma bicicleta com um colega, por exemplo, não há dinheiro envolvido. Para isso, basta que as pessoas deem algo para receberem algo que elas preferem.

Para que qualquer tipo de troca ocorra, existem cinco condições que devem ser satisfeitas:

- deve haver pelo menos duas partes envolvidas;
- cada parte deve possuir algo que interesse à outra;
- cada parte deve ser capaz de se comunicar com a outra e entregar as mercadorias ou serviços pedidos;
- cada parte deve ser livre para aceitar ou rejeitar a oferta da outra;
- cada parte deve acreditar ser adequado participar da negociação.

A ideia principal inerente ao conceito de troca é que as partes ficarão em melhor situação depois de a terem feito, ou seja, esse é um processo de criação de valor. Além disso, existem outros elementos que estão sendo trocados de forma secundária entre as organizações e seus clientes, como informação, confiança, *status* etc.

Outro conceito muito relevante para o estudo e a prática do marketing é a satisfação, que está descrita no item seguinte.

(1.4)
Satisfação

A satisfação consiste no sentimento do consumidor depois de ter as suas expectativas atendidas, ou seja, um cliente satisfeito é aquele que recebeu da empresa ou organização exatamente o que esperava receber. As expectativas do consumidor são provenientes de três fontes:

- COMUNICAÇÃO DA EMPRESA: *folders, sites,* propagandas e demais materiais de divulgação em geral criam expectativas nos consumidores em relação ao que pode ser esperado do produto. Por exemplo: um folheto de hotel, ilustrado com fotos de uma linda vista, fará com que o consumidor crie a expectativa de encontrar essa mesma vista no seu quarto, quando ele se hospedar no referido hotel.
- PROPAGANDA BOCA A BOCA: é a comunicação entre clientes, aquilo que as pessoas falam umas para as outras sobre as marcas ou as empresas. Quando um amigo nos recomenda um restaurante ou um filme que está passando no cinema, essa forma de comunicação pode ser considerada uma propaganda boca a boca. A tendência é que um produto ou serviço muito elogiado crie altas expectativas no consumidor.
- NECESSIDADES INDIVIDUAIS: muitas vezes, a expectativa é gerada pelas próprias necessidades do consumidor ou

pelo que ele precisa resolver em determinado momento. Quando sentimos alguma dor, vamos ao médico, e nossa expectativa é que ele consiga eliminar essa dor, pois é disso que necessitamos naquele momento.

Quando um produto ou serviço atende às expectativas do consumidor, dizemos que o consumidor ficou satisfeito. Se as expectativas do consumidor forem maiores que a qualidade da empresa em sua prestação de serviços ou da oferta de seus produtos, então teremos um consumidor insatisfeito. A empresa deve sempre evitar a insatisfação do consumidor, pois sabemos que um consumidor insatisfeito pode falar mal da empresa (contraindicar) para muitas pessoas!

Por outro lado, chamamos de *encantamento do consumidor* o processo decorrente de a empresa entregar ao consumidor mais do que ele esperava, ou seja, o resultado supera as expectativas. O encantamento do cliente é extremamente positivo, pois, além de levá-lo à lealdade, também faz com que o cliente indique a empresa para seus amigos e parentes, fazendo propaganda boca a boca positiva sobre a empresa.

Sendo assim, quanto maiores forem as expectativas do consumidor, maior deverá ser a dedicação por parte da empresa para supri-las; por isso, é importante tomar cuidado e administrar corretamente as expectativas dos clientes. Prometer mais do que poderá cumprir é um erro organizacional grave do ponto de vista da satisfação de consumidores, impedindo a sobrevivência da empresa no longo prazo.

Em muitos momentos, falamos de produtos, mas, afinal, o que são exatamente produtos? Vejamos a explicação no item seguinte.

(1.5)

Produtos

Podemos definir *produto* como qualquer coisa que uma empresa pode oferecer aos seus consumidores para atender às suas necessidades. Dessa definição, concluímos que não existem produtos que não atendam a necessidade alguma do consumidor – essa é uma condição para o sucesso do lançamento de um produto.

Outra conclusão importante é que, se produto é "qualquer coisa" oferecida no mercado, ele não precisa necessariamente ser um bem tangível. Na realidade, existem quatro tipos de produtos diferentes: os bens tangíveis, os serviços, as ideias e as experiências. Os bens tangíveis são os que tradicionalmente costumamos chamar de *produto*, aqueles que podemos tocar, enxergar, levar para nossa casa. São exemplos de bens tangíveis os móveis, os cadernos, os carros, os alimentos, entre outros. Os serviços ocorrem quando contratamos alguém para fazer algo por nós, como um cabeleireiro, um médico, o banco onde temos nossa conta-corrente ou mesmo uma instituição de ensino, entre outros. Já as ideias estão relacionadas a alguns produtos que desejam transmitir uma informação específica, tal como um livro, uma palestra ou os serviços prestados por uma ONG. As experiências, por sua vez, acontecem nos casos em que o consumidor adquire o direito de passar por determinada sensação ou emoção, como andar de montanha russa ou fazer uma viagem turística.

Atualmente, acredita-se que os produtos são, em geral, uma combinação desses diversos elementos, não precisando necessariamente se enquadrar em apenas uma das categorias. Pelo contrário: quanto mais o produto atender a diversas dessas categorias, maior é a sua probabilidade de encantar o consumidor! Por exemplo: uma jaqueta do Greenpeace é um bem tangível, com a função de nos vestir e de nos aquecer. Simultaneamente, ela também tem uma ideia implícita, que está relacionada com a proteção ambiental. Por fim, podemos dizer que, ao comprar a jaqueta e encaminhar o dinheiro para a ONG, estamos contratando os serviços dessa instituição, ou seja, esperamos que o dinheiro seja utilizado para ações voltadas ao meio ambiente.

No Capítulo 4, voltaremos a falar mais detalhadamente sobre produtos, pois esse é um dos 4 Ps do marketing. Também detalharemos melhor os serviços e sua gestão nos Capítulos 7, 8 e 9.

(1.6)
Valor agregado a bens e serviços

Em marketing, o termo *valor* não é um sinônimo de *preço*, apesar de possuir uma relação muito próxima com esse conceito. O valor em marketing representa o quanto determinado consumidor valoriza um produto ou serviço, comparando seus bônus (o que o consumidor recebe) e seu ônus (o que o consumidor entrega para receber o serviço). Além disso, o valor é percebido, ou seja, cada consumidor atribuirá valores diferenciados aos produtos e aos serviços conforme suas próprias percepções.

As percepções são formas específicas de decodificar as mensagens que um consumidor recebe do mundo, tal como se fosse um filtro ou uma lente. Essas mensagens são recebidas por meio dos cinco sentidos: olfato, visão, audição, paladar e tato. Porém cada indivíduo as interpreta de maneira muito peculiar e única, o que explica por que:

- uma comida adorada por determinada pessoa pode ser considerada ruim por outra;
- um banho com temperatura ideal para alguém pode ser muito quente ou frio para outra pessoa;
- uma música agradável para os jovens pode ser considerada barulhenta e incômoda por alguém mais velho.

Esses são apenas alguns exemplos de como a percepção atua no nosso dia a dia e nas nossas escolhas. Um ditado popular diz: "O que seria do vermelho se todos gostassem do amarelo?". O processo perceptivo explica essas escolhas. E, por isso, dizemos que o valor é percebido, pois ele também varia de um consumidor para outro. A fórmula do valor percebido (VP) é a seguinte:

$$VP = \frac{Benefícios\ (reais\ e\ percebidos)}{Custos}$$

Os benefícios são o que os produtos oferecem para o consumidor, sua utilidade e funcionalidade. Tais benefícios podem ser REAIS, ou seja, eles podem ser tangíveis, inquestionáveis e que não variam de um consumidor para outro (por exemplo: o benefício real de um carro é o transporte). Os benefícios podem também ser PERCEBIDOS, ou seja, podem variar conforme a percepção de determinado consumidor; no carro, o *status* poderia ser um benefício percebido.

Em termos de custos, é importante ressaltar que o custo monetário (preço e demais custos de obtenção, manuseio e uso do produto) não é o único custo envolvido na aquisição de um bem. Existem outros custos relevantes, como:

- TEMPO: trata-se do tempo que o consumidor precisa despender para adquirir um produto. Empresas que possuem um rápido sistema de entrega de encomendas ou farmácias que permanecem abertas 24 horas são exemplos de

empreendimentos que visam poupar o tempo do consumidor no ato da compra de um produto ou serviço.
- ENERGIA: refere-se à energia envolvida na aquisição. A ida a um *show* de *rock* exige muita energia – ficar no meio da multidão, passar muitas horas de pé e enfrentar filas nos banheiros. Comprar um DVD do *show*, nesse caso, estaria reduzindo o custo de energia (mas, logicamente, alguns consumidores consideram importante a emoção envolvida em estar presente no momento do *show*, o que seria um benefício percebido e, para alguns, compensaria os custos de energia).
- PSICOLÓGICOS: são custos de cunho emocional, como o medo, a insegurança e a vergonha. Alguns consumidores não admitem fazer compras pelo comércio eletrônico, pois se apavoram com a possibilidade de ter seus cartões clonados. Para eles, esse é um custo psicológico muito alto a ser assumido.

Portanto, podemos dizer que o valor percebido envolve a conhecida relação custo-benefício.

(1.7)
Necessidades e desejos

Quando falamos de produto, salientamos que este deve atender às necessidades do consumidor. As necessidades são carências humanas, físicas ou psicológicas, que se tornam latentes em determinados momentos, o que pode, porventura, impulsionar a aquisição de produtos ou serviços.

Maslow, citado por Kotler e Keller (2006, p. 184), categoriza as necessidades humanas em cinco níveis. Veja a figura a seguir.

Figura 1.2 – Hierarquia das necessidades

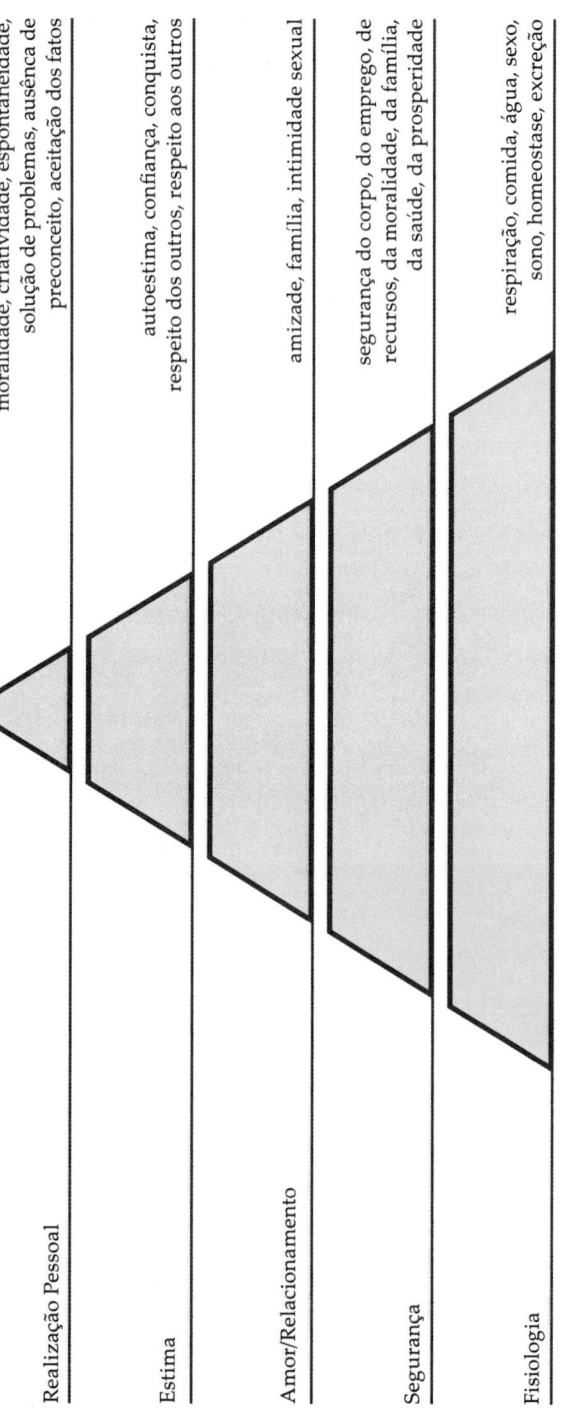

FONTE: AMARAL, 2009.

Portanto, as necessidades humanas podem ser tanto fisiológicas como de segurança ou autoestima. Diferentes produtos atendem a essas diferentes necessidades, havendo casos em que um mesmo produto atende a necessidades diversas. Um celular atende, por exemplo, à necessidade de comunicação, que está diretamente relacionada com as necessidades sociais da pirâmide de Maslow. Por outro lado, quando um consumidor compra um celular que poderá fazer com que ele se destaque no seu grupo e seja mais admirado por outras pessoas, este pode estar atendendo também a uma necessidade de autoestima ou *status*.

Os desejos, por sua vez, são formas específicas de atender a uma necessidade. Uma pessoa que está com sede pode suprir essa necessidade de diversas formas: tomando suco, água, chá, cerveja ou qualquer outra bebida. Porém, quando esse mesmo consumidor opta por tomar uma Coca-Cola, esta representa o seu desejo. Ou seja, a sede é a necessidade, a Coca-Cola, o desejo.

É importante frisar que o marketing não é capaz de gerar necessidades, pois estas são intrínsecas ao ser humano e não podem ser criadas. O que o marketing pode fazer é estudar e procurar conhecer mais as necessidades humanas, criando, assim, produtos e serviços que atendam a essas necessidades do consumidor de forma conveniente e interessante. Dessa forma, esses produtos e serviços poderão tornar-se desejos e, posteriormente, ser utilizados por muitos consumidores.

Atividades

1. O processo de comprar um computador pela primeira vez é algo muito complicado e perturbador para muitas pessoas. O mesmo ocorre em compras por meio do comércio eletrônico, no qual são necessárias várias informações, como o número do cartão de crédito do consumidor, por exemplo. Essas características ilustram um tipo de custo para o consumidor, chamado:
   a. preço.
   b. de tempo.
   c. de energia.
   d. psicológico.
   e. monetário.

2. Assinale a alternativa que NÃO representa uma das condições essenciais da troca, dentro do conceito de marketing:
   a. Que existam pelo menos duas partes.
   b. Que uma das partes tenha vantagem sobre a(s) outra(s).
   c. Que todas as partes possuam algo que possa deter valor para as outras partes.
   d. Que todas as partes acreditem ser adequado participar da negociação.
   e. Todas as alternativas anteriores estão corretas.

(2)

Orientações da empresa para o mercado*

* *Este capítulo foi fundamentado em Kotler (2005); Lamb Junior; Hair Junior; McDaniel (2004).*

Nem todas as empresas possuem visão de marketing; algumas têm foco em outros tipos de atividades. Por isso, este capítulo aborda as orientações das empresas para o mercado, demonstrando que elas podem ser orientadas para a produção, para o produto, para as vendas ou, ainda, para o marketing. Numa visão ainda mais atualizada sobre essa questão, Kotler (2005) aponta que, atualmente, existem empresas com orientação para o chamado *marketing holístico*, o qual oferece uma visão ainda mais abrangente de marketing.

Quando afirmamos que uma empresa tem foco em produção, isso não quer dizer que esta não tenha departamentos e colaboradores que atuem nas demais áreas ou mesmo que não ela pratique vendas ou marketing. As orientações para o mercado significam que a empresa dá mais ênfase e importância a essa atividade do que às demais e que as demais atividades se adaptam às decisões tomadas na área que a empresa enfatiza. O quadro a seguir demonstra como essas orientações se dividem ao longo do tempo.

Quadro 2.1 – *Evolução histórica do conceito de marketing*

Orientação	Época	Atitude
Produção (e produto)	Até 1920	Um bom produto vende por si.
Vendas	Até 1950	A propaganda criativa e o esforço de vendas vencem a resistência à compra.
Marketing	Última metade do século XX	O consumidor é o rei! Encontre uma necessidade e a atenda!
Marketing holístico	Século XXI	No marketing, tudo é importante.

A primeira orientação de negócios que surgiu e que se constitui preponderante até 1920 foi para a produção ou para o produto, na qual se acreditava que um bom produto vende por si só, sem a necessidade de um maior esforço mercadológico. A essa fase seguiu-se a era na qual a orientação principal se dava para as vendas, que perdurou até meados da década de 1950. Nessa fase, a palavra de ordem era "empurrar para o consumidor", pois se acreditava que, sem uma propaganda criativa e um esforço de vendas consistente, seria impossível reverter as resistências naturais dos consumidores às compras. A partir da metade do século XIX, entretanto, surgiu o que chamamos de *orientação para o marketing*, na qual o foco estratégico está concentrado em descobrir as necessidades dos consumidores e atendê-las. Na última década do século XX, surgiu a chamada *orientação para o marketing holístico*, que pressupõe que o marketing deve envolver diversos aspectos organizacionais e que a empresa como um todo deve voltar seu foco inteiramente ao cliente.

Apesar de as orientações anteriores à orientação para o marketing holístico terem exercido sua influência em momentos muito específicos da história, muitas empresas insistem em manter suas atividades baseadas nas orientações mais antigas, não se atualizando nesse sentido.

(2.1)
Orientação para a produção

Essa orientação teve seu auge por volta da década de 1920 e dava grande ênfase aos processos fabris. Ou seja, o ponto de partida das estratégias organizacionais era a fábrica, a capacidade produtiva, enfim, a preocupação maior era como produzir mais com um menor custo, com um número menor de pessoas e em tempo reduzido. São expoentes desse período e dessa orientação para o mercado Henry Ford e Frederick Taylor.

Taylor teve sua obra voltada para a chamada *administração científica*, tendo estudado com afinco os ritmos e movimentos dos operários nas fábricas. Henry Ford, por sua vez, também perseguia a eficiência da produção nas fábricas. Na busca por atender os consumidores de forma mais rápida e mais barata, Ford deixou de fabricar o célebre Modelo T, com quatro opções de cores, e passou a oferecê-lo no mercado apenas na cor preta.

O carro se popularizou em todo o mercado americano e mesmo em outros países, e uma frase do seu criador ficou muito famosa e é lembrada até os dias de hoje: "Você pode ter um Ford T de qualquer cor, desde que seja preto". A escolha dessa cor se deu com base na descoberta de que a tinta preta secava mais rapidamente do que as outras.

Bem, isso era perfeitamente possível e aceitável em uma época em que o consumidor tinha pouquíssimas opções de escolha, tornando-se, assim, praticamente um prisioneiro de seus fornecedores. Seria inadmissível tanta ênfase na fábrica e na sua capacidade produtiva nos dias atuais, haja vista que os consumidores de hoje contam com fornecedores diversos em praticamente todos os segmentos. Ainda assim, algumas empresas continuam voltadas apenas para a produção, com enfoque na fábrica e na sua capacidade produtiva, em vez de voltarem sua atenção para o mercado consumidor.

(2.2)
Orientação para o produto

Uma consequência da orientação para a produção é a orientação para o produto. Nesse caso, as empresas se focam principalmente no seu produto, e não no negócio do qual fazem parte. Elas acreditam que seu produto é insubstituível e indispensável para o consumidor e que os consumidores sempre darão preferência aos produtos que ofereçam melhor qualidade, desempenho e benefícios. Os administradores que utilizam essa lógica enfatizam a fabricação de bons produtos e a sua melhoria no longo prazo.

As máquinas de escrever são um exemplo clássico: as empresas que as produziam nunca imaginaram que elas pudessem ser substituídas por qualquer outro produto. Então, mesmo quando começaram a surgir os computadores de pequeno porte e os personal *computers* (PCs), as fábricas produtoras de máquinas continuaram a produzir. Naquela época, elas não imaginaram que algo pudesse substituir nas residências e escritórios as máquinas de escrever. Então, o máximo que essas empresas fizeram foi criar algumas adaptações em seu produto, tornando-o elétrico ou mesmo eletrônico. Essas empresas acabaram falindo, pois não conseguiram abandonar a ênfase no produto e concentrar-se na necessidade do consumidor.

(2.3)
Orientação para as vendas

Essa preocupação tão grande com a produção e com o produto gerava imensos estoques, que precisavam ser desovados, ou seja, as empresas precisavam desenvolver um ritmo mais intenso de vendas e campanhas de propaganda criativas, no intuito de vencer as resistências naturais dos consumidores. Portanto, como uma decorrência do foco em produção, surgiu, em meados de 1950, a ORIENTAÇÃO PARA AS VENDAS.

A lógica da orientação para vendas obedecia ao seguinte raciocínio: os consumidores, no que depender deles, simplesmente não irão comprar o volume suficiente de produtos da empresa, a qual deve, portanto, adotar um agressivo esforço de vendas e promoções, como mostra a Figura 2.1, a seguir.

Figura 2.1 – Orientação para as vendas

Ponto de partida	Foco	Meios	Fins
Fábrica	Produtos existentes	Vendas e promoções	Lucros por meio do volume de vendas

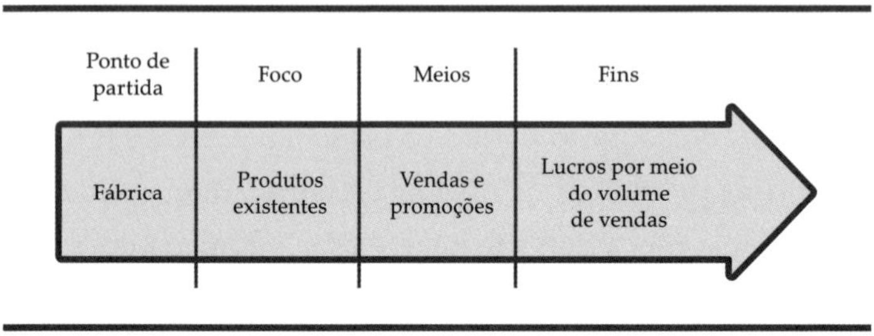

A figura indica que o ponto de partida da orientação para as vendas é a própria fábrica da empresa, que produz produtos em excesso, os quais ficam depositados em estoques. Os meios utilizados para acabar com os estoques são as vendas e as promoções agressivas, muitas vezes prejudicando as margens de lucratividade da empresa, além de criar consumidores insatisfeitos que não estarão mais dispostos a comprar outros produtos oferecidos pela marca. A finalidade desse processo de orientação são os lucros adquiridos pelo volume de vendas, pois, em geral, as margens de lucratividade são pequenas quando a empresa adota essa orientação.

Muitas empresas, atualmente, ainda estão estagnadas na era das vendas, tentando empurrar para os consumidores os mais diversos produtos e serviços.

As três orientações empresariais apresentadas (orientação para a produção, para o produto e para as vendas) são consideradas "míopes". O termo *miopia de marketing*, criado na década de 1970 por Theodore Levitt, explica bem a atuação dessas empresas. Isso quer dizer que elas são orientações de empresas que só enxergam o curto prazo, pensando que sua situação atual vai perdurar para sempre. Além disso, acreditam que seu produto é insubstituível e indispensável e que, por isso, os consumidores nunca deixarão de comprá-lo. As empresas míopes só olham para dentro de si mesmas, pois, assim como uma pessoa míope, elas não conseguem enxergar longe. O foco delas está no produto, e não no negócio.

(2.4)
Orientação para o marketing

A partir de 1950, principalmente no mercado norte-americano, as empresas migraram para a chamada *orientação para o marketing*. Nessa orientação, a empresa se dá conta de que não basta apenas produzir e vender bens; é necessário, acima de tudo, saber o que o consumidor deseja. O desafio é descobrir o que o consumidor necessita e, então, criar e oferecer produtos e serviços que atendam a essa necessidade.

A orientação para o marketing, portanto, significa que toda a empresa está orientada para o consumidor, com o objetivo de ser bem sucedida no longo prazo. Essa forma de enxergar o negócio tem grande preocupação com a sustentabilidade (aliada à lucratividade) da empresa ao longo dos anos, como podemos observar, a seguir, na Figura 2.2.

Figura 2.2 – Orientação para o marketing

Ponto de partida	Foco	Meios	Fins
Mercado	Necessidades do mercado	Marketing integrado	Lucros por meio da satisfação do consumidor

Na orientação para o marketing, o ponto de partida é o mercado, formado essencialmente por consumidores. O foco nessa orientação centra-se nas necessidades do mercado, ou seja, nas pessoas que formam o público-alvo das empresas *(target)*. O marketing integrado é a forma mais eficaz de se atingir esse objetivo, que consiste na concentração totalmente direcionada do foco da organização como um todo para os clientes, partindo-se da premissa de que, se não existirem clientes, a empresa deixará de existir. Dessa forma, o lucro virá naturalmente no final do processo, por meio da satisfação do cliente, que, por sua vez, fará propaganda boca a boca sobre a empresa e se tornará um cliente leal. Algumas empresas no Brasil adotam a lógica ou a orientação de marketing, como a Gerdau, a Vale do Rio Doce e o Banco Santander.

(2.5)

Orientação para o marketing holístico

Em 2006, Kotler lançou, no Brasil, o conceito de marketing holístico. *Holístico* é uma palavra que representa a visão de que tudo é importante e que tudo se integra. Sendo assim, o termo *holístico* consiste na interação harmoniosa dos elementos que constituem o todo. O marketing holístico procura transmitir a ideia de que tudo é importante para o sucesso do marketing de uma organização.

O marketing holístico é sustentado por quatro pontos essenciais, que são o endomarketing, o marketing integrado, o marketing societal e o marketing de relacionamento.

O endomarketing é o marketing interno, direcionado aos colaboradores da organização. Segundo os princípios do endomarketing, uma empresa não poderá oferecer seu produto ou serviço no mercado antes que os próprios colaboradores da empresa acreditem no potencial dessa oferta. Trata-se, portanto, de ações de marketing que consideram que cada colaborador da organização é também um cliente, porém um cliente interno. Além disso, as ações de marketing dirigidas aos clientes externos também podem ser utilizadas para trabalhar a imagem da organização com os clientes internos. Veja, na sequência, uma representação do marketing holístico.

Figura 2.3 – Marketing holístico

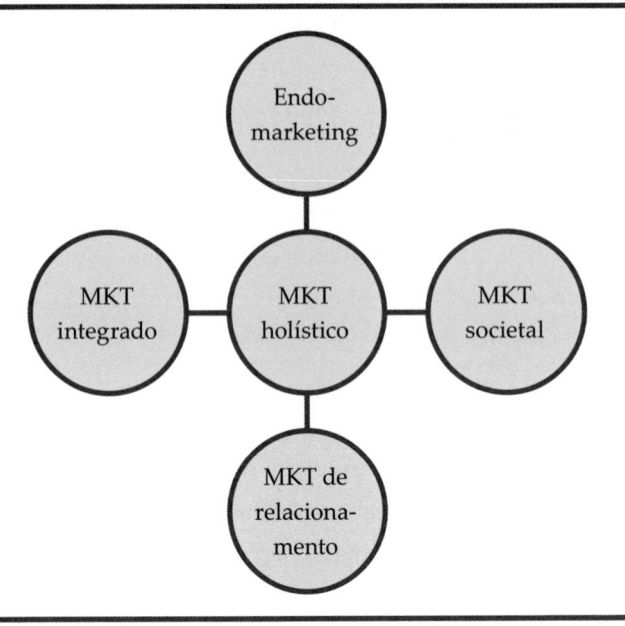

```
            ┌──────────────┐
            │    Endo-     │
            │  marketing   │
            └──────┬───────┘
                   │
  ┌──────┐   ┌─────┴────┐   ┌──────┐
  │ MKT  ├───┤   MKT    ├───┤ MKT  │
  │integrado│ │ holístico│   │societal│
  └──────┘   └─────┬────┘   └──────┘
                   │
            ┌──────┴───────┐
            │    MKT de    │
            │  relaciona-  │
            │    mento     │
            └──────────────┘
```

FONTE: ADAPTADO DE KOTLER; KELLER, 2006, P. 16.

O marketing integrado, por sua vez, preconiza que todos os departamentos da empresa devem ter seu foco voltado ao atendimento das necessidades e desejos dos clientes. A partir do conceito de marketing integrado, conclui-se que o departamento de marketing, não conseguirá fazer nada sozinho, pois ele depende das ações dos demais departamentos para atingir seus objetivos.

O marketing societal ou, ainda, marketing social, adquiriu muita importância nos últimos anos, pois, atualmente, existe uma preocupação geral das pessoas em relação a seus pares, assim como em relação à sustentabilidade e à preservação do nosso planeta. Isso fica evidente diante do grande aumento de ONGs e outras organizações envolvidas em projetos sociais e ambientais. Sendo assim, o marketing societal acrescenta mais um elemento na tradicional troca entre clientes e empresas, que é o próprio bem-estar do ser humano. A lógica dessa estratégia é que a empresa deve devolver ao mercado consumidor, de alguma forma, tudo o que os consumidores e a sociedade em geral concedem a ela, tendo essa mesma empresa um foco na sustentabilidade em todas as suas formas: cultural, filantrópica, preservação ambiental, entre outras.

Por fim, o último elemento que forma o marketing holístico é o marketing de relacionamento. Esse conceito de marketing concentra sua atenção na retenção e fidelidade de clientes. O marketing de relacionamento é um contraponto ao chamado *marketing transacional*, no qual o foco está em uma única transação. No marketing de relacionamento, o foco está no possível relacionamento de longo prazo que pode ser estabelecido entre a empresa e o cliente, por meio de relações do tipo ganha-ganha, no qual os dois lados saem ganhando – tanto a empresa quanto o cliente. Os conceitos de marketing de relacionamento e de fidelização de clientes serão aprofundados nos Capítulos 7 e 8.

Atividades

1. A empresa deve buscar equilibrar, em suas atividades, três aspectos essenciais: os lucros, a satisfação das necessidades e dos desejos dos consumidores e o interesse público. Essa afirmação descreve:
   a. miopia em marketing.
   b. marketing de relacionamento.
   c. marketing societal.
   d. orientação para as vendas.
   e. Todas as alternativas anteriores estão corretas.

2. Empresas com pouca ou nenhuma atenção às preferências e necessidades do consumidor; que definem sua atividade em termos de produto, e não de negócio; que creem em seus produtos como indispensáveis e insubstituíveis. Essas afirmações descrevem:
   a. miopia em marketing.
   b. marketing de relacionamento.
   c. marketing societal.
   d. orientação para vendas.
   e. Todas as alternativas anteriores estão corretas.

(3)

Estudo do comportamento do consumidor*

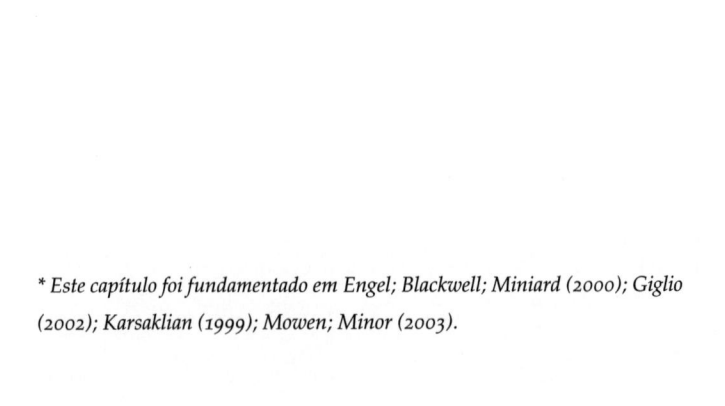

* Este capítulo foi fundamentado em Engel; Blackwell; Miniard (2000); Giglio (2002); Karsaklian (1999); Mowen; Minor (2003).

Valesca Persch Reichelt

Neste capítulo, falaremos sobre o comportamento do consumidor. Devemos ter consciência de que este é um ser humano, portanto, quando falamos de comportamento do consumidor, estamos nos referindo ao comportamento humano, que é repleto de detalhes e implicações psicológicas e inconscientes, além de ser suscetível às mais variadas influências. O objetivo deste capítulo é procurar entender, de forma estruturada, esse comportamento, bem como as influências sofridas pelo consumidor em sua tomada de decisão quanto a que produtos ou marcas consumir. Além disso, serão abordados também os papéis de compra e o processo de tomada de decisão de compra.

(3.1)
Por que estudar o comportamento do consumidor?

Atualmente, tornou-se um grande desafio para as empresas compreender o comportamento do consumidor. Isso se deve ao fato de possuirmos cada vez mais empresas concorrentes no mercado, todas elas tentando agradar de diferentes maneiras e procurando atender às necessidades de seus consumidores. Aquelas que conseguirem decifrar o comportamento desses consumidores terão mais sucesso no mercado, pois compreenderão por que as pessoas tomam determinadas decisões de consumo em detrimento de outras. Existem exemplos fascinantes sobre empresas que conseguiram entender como os consumidores pensam e o que existe no subconsciente deles.

Compreender aspectos tão implícitos do comportamento das pessoas é realmente uma arte que exige das empresas uma maior preocupação em compreender como as pessoas vivem, como é o cotidiano delas, o que pensam sobre diversos assuntos e mesmo o que não ousam pensar, mas sentem. A única maneira de conseguir compreender esses aspectos e decifrá-los é por meio do uso das mais diversas técnicas de pesquisa de mercado. A obtenção de informações do consumidor realmente auxilia as empresas a entenderem melhor o comportamento deste, minimizando, assim, as chances de um fracasso no mercado, seja no lançamento de produtos, seja em uma campanha de comunicação. Falaremos mais sobre pesquisas de mercado e suas técnicas no Capítulo 6.

Portanto, as principais razões que justificam o estudo do comportamento do consumidor são:

- compreensão das necessidades e desejos do consumidor;
- auxílio na tomada gerencial de decisões, direcionadas mais especificamente para o marketing;
- desenvolvimento de novos produtos, que atendam às necessidades dos consumidores;
- melhoramentos de produtos existentes;
- geração de teorias que auxiliem na compreensão do comportamento humano em relação ao consumo.

Agora, focaremos nossa atenção nos diversos aspectos que influenciam o comportamento do consumidor.

(3.2)
Os aspectos que influenciam o comportamento do consumidor

Segundo Mowen e Minor (2003), podemos dizer que o comportamento do consumidor envolve o estudo das "unidades compradoras" (indivíduos, empresas ou grupos) e dos processos de troca envolvidos na aquisição, no consumo e na disposição de mercadorias, serviços, experiências e ideias. Muitos e diferentes aspectos influenciam o comportamento do consumidor, os quais explicam por que determinadas compras são realizadas ou não. Eles envolvem principalmente os fatores culturais, sociais, pessoais e psicológicos dos indivíduos, que estão organizados no quadro a seguir, conforme sua ordem de influência.

Quadro 3.1 – *Principais fatores de influência do consumidor*

CULTURAL	SOCIAL	PESSOAL	PSICOLÓGICO
• Cultura • Subcultura • Classe social	• Grupos de referência • Família • Papéis e posições sociais	• Idade e CV • Ocupação • Condições econômicas • Estilos de vida • Personalidade • Autoconceito	• Motivo • Percepção • Aprendizado • Crenças e atitudes

FONTE: ADAPTADO DE KOTLER, 2005.

Pelo quadro demonstrado, podemos perceber que os fatores que mais influenciam o consumidor no ato da compra são os fatores culturais. Em segundo lugar, em termos de influência, temos os fatores sociais, seguidos dos pessoais e, posteriormente, dos psicológicos. Falaremos a seguir de cada um desses fatores.

Aspectos culturais

Os aspectos culturais são considerados os que mais influenciam o comportamento do consumidor. Quando falamos em *aspectos culturais*, estamos nos referindo à cultura, à subcultura e à classe social.

A cultura é o conjunto de padrões de comportamento socialmente adquiridos e que são transmitidos simbolicamente aos membros de uma determinada sociedade por meio da linguagem e de outros meios. Em outras palavras, é o universo de valores, percepções e preferências apreendidos durante uma vida. Alguns componentes de uma cultura, segundo Mowen e Minor (2003), são:

- Normas decretadas ou implícitas: envolvem os costumes (ações corriqueiras, cerimônias, papéis), tradições (costumes que enfatizam os aspectos morais) e convenções (maneiras de agir no cotidiano).
- Mitos: podem ser reais (como a figura de Che Guevara, por exemplo) ou folclóricos (tais como o boi-bumbá ou o Negrinho do Pastoreio).
- Símbolos: como a águia americana ou o tucano brasileiro.
- Rituais: como os de troca, de posse, de embelezamento e de despojamento.

São características da cultura brasileira o pluralismo racial e cultural, a ênfase nos relacionamentos pessoais, a alegria, o otimismo, entre outras.

As subculturas, por sua vez, são grupos ou subdivisões da cultura nacional com base em alguma característica unificadora. São grupos que compartilham sistemas de valores baseados em sistemas e situações de vida em comum. Como exemplo, podemos citar as subculturas dos grupos de imigrantes japoneses e coreanos que vivem até hoje no Brasil.

As características que podem identificar uma subcultura são: nacionalidade, etnia, região, idade, religião, gênero, entre outras. Outro fator cultural importante são as classes sociais, conceituadas como divisões relativamente permanentes e homogêneas de uma sociedade, cujos membros compartilham valores, interesses e comportamentos similares. Segundo o Critério de Classificação Econômica Brasil, padrão de classificação social desenvolvido pela Associação Brasileira das Empresas de Pesquisa (Abep) e adotado pelos principais institutos de pesquisa do país, são consideradas oito classes sociais existentes no país, como demonstra o Tabela 3.1, a seguir.

Tabela 3.1 – Classes sociais brasileiras

CLASSES SOCIAIS	DISTRIBUIÇÃO DE CLASSES – TOTAL DAS REGIÕES METROPOLITANAS	RENDA FAMILIAR MÉDIA (R$)
A1	1%	9.733,47
A2	4%	6.563,73
B1	9%	3.479,36
B2	15%	2.012,67
C1	21%	1.194,53
C2	22%	726,26
D	25%	484,97
E	3%	276,70

FONTE: ADAPTADO DE ABEP, 2008.

Aspectos sociais

Os aspectos sociais de influência do consumidor envolvem os grupos, a família e os papéis sociais. Considera-se um GRUPO um conjunto de indivíduos que interagem uns com os outros durante algum tempo e compartilham alguma necessidade ou objetivo comum. Sabe-se que os grupos afetam as compras dos consumidores individuais, além de tomarem decisões conjuntas em alguns casos. Conforme Mowen e Minor (2003), alguns tipos de grupos de referência que influenciam o consumidor são:

- GRUPO DE ASPIRAÇÃO: é o grupo ao qual o consumidor gostaria de pertencer, como as adolescentes que aspiram ser modelos e que, portanto, passam a agir como tal.

- GRUPO DE DISSOCIAÇÃO: é o contrário do grupo de aspiração, ou seja, são grupos aos quais os consumidores não gostariam de pertencer.
- GRUPO PRIMÁRIO: é o grupo mais próximo ao consumidor e que exerce mais influência sobre ele.
- GRUPO FORMAL: os funcionários de uma empresa e os integrantes de um curso (reunidos formalmente) caracterizam esse tipo de grupo.
- GRUPO INFORMAL: são grupos que se formam sem a existência de formalidades, como um grupo de amigos que se reúne para jogar futebol no fim de semana.

Os papéis sociais são as atividades que as pessoas esperam que um indivíduo exerça, de acordo com a posição que ocupa em diferentes grupos sociais. Por exemplo: uma mesma pessoa é diretora de uma empresa, em outro momento é pai e em outro é membro de determinada comunidade religiosa. Em cada um desses momentos, essa mesma pessoa assume papéis e posições sociais diferenciados.

As famílias e os lares também são um fator que influencia o consumidor. Lares são compostos de todas aquelas pessoas que ocupam uma unidade de moradia. Sabe-se que os pais influenciam seus filhos nas compras deles e vice-versa. Essa influência também pode ocorrer entre irmãos e em outros níveis de parentesco.

Aspectos pessoais

Os principais aspectos pessoais de influência do consumidor são:

- A IDADE E O CICLO DE VIDA: as pessoas possuem diferentes necessidades conforme sua idade, e suas necessidades também variam de acordo com o ciclo de vida. Duas pessoas da mesma idade podem estar em fases diferentes do ciclo de vida. As fases da vida normalmente compreendem o momento em que o indivíduo sai da casa de seus pais para morar sozinho, buscando autonomia, até o momento em que ele constitui uma família, cria seus filhos e, após todo o processo de criação destes, ele os vê reiniciando o processo, quando saem de casa.

- OCUPAÇÃO: é o que a pessoa faz na maior parte de seu tempo. Exemplos: donas de casa, estudantes, médicos etc. A ocupação influi no momento da compra de produtos e serviços.
- CONDIÇÕES ECONÔMICAS: estão ligadas às condições financeiras do indivíduo. Diferem de acordo com a classe social, que está vinculada à família.
- ESTILO DE VIDA: é o padrão de vida expresso em atitudes; delineia um padrão de ação e de integração com o mundo.
- PERSONALIDADE: é descrita em termos de traços como sociabilidade, autoconfiança, respeito, realização, ordem, criatividade etc.
- AUTOCONCEITO: é como a própria pessoa se vê.

Com base na análise desses aspectos pessoais, é possível verificar as diferenças peculiares a cada indivíduo que influenciam no seu comportamento de consumo, determinando suas escolhas.

Aspectos psicológicos

Os principais aspectos psicológicos que influenciam o consumidor são a motivação, a percepção, o aprendizado, as crenças e as atitudes. No primeiro capítulo, falamos sobre as necessidades do consumidor. Uma necessidade se torna um motivo quando ela aumenta de intensidade, tornando-se suficientemente importante para levar a pessoa a agir. Como vimos, uma necessidade pode ser satisfeita de diversas formas e estar em um plano racional ou emocional. Portanto, a motivação da compra pode se dar tanto em âmbito consciente quanto inconsciente.

A percepção, por sua vez, é o processo por meio do qual as pessoas selecionam, organizam e interpretam informações para formar uma imagem significativa do mundo, segundo Kotler e Keller (2006, p. 184). A percepção é feita por intermédio dos nossos cinco sentidos: visão, audição, olfato, tato e paladar. Alguns processos perceptivos que afetam o consumidor são a atenção seletiva (decisão involuntária que seleciona quais estímulos devem receber maior atenção), a retenção seletiva (decisão involuntária sobre quais estímulos serão armazenados na memória – as pessoas tendem a reter as informações que sustentam as suas crenças e valores) e a distorção seletiva (a interpretação da propaganda e das informações de venda por meio de significados pessoais e pré-julgamentos).

O aprendizado é outro fator psicológico de influência do consumidor. A aprendizagem está ligada à percepção; são as mudanças comportamentais que resultam de nossas experiências. Apresentamos a seguir um exemplo de como ocorre o processo de aprendizado:

- Estímulos externos: propaganda.
- Impulso instintivo: fome/sede.
- Resposta: determinada reação.
- Reforço: como a satisfação foi alcançada pela resposta.
- Retenção: grau de lembrança do que foi aprendido.

Temos também as crenças e as atitudes. Crença é um pensamento descritivo que uma pessoa possui sobre algo.

Ela inclui juízos de valor, podendo ser alimentada pelo conhecimento, pela opinião ou simplesmente pela fé.

A atitude descreve as avaliações cognitivas e emocionais de uma pessoa para um objeto ou ideia, gerando sentimentos e tendências de ação duradoura. As atitudes são difíceis de mudar, por isso as empresas deveriam tentar se ajustar àquelas existentes em vez de tentar mudá-las.

(3.3)
Papéis de compra

Existem cinco diferentes papéis de compra que podem ser exercidos pelos consumidores ao longo de um processo de decisão de compra. São eles:

- INICIADOR: a pessoa que sugere ou tem a ideia de comprar um produto ou serviço.
- INFLUENCIADOR: a pessoa cujo ponto de vista ou conselho tem influência sobre a decisão que o indivíduo comprador tomará.
- DECISOR: a pessoa que decide o que deve ser comprado, onde, quanto, enfim, como será feita a atividade de compra.
- COMPRADOR: a pessoa que realiza o ato da compra.
- USUÁRIO: a pessoa que consome ou usa o produto.

É importante que as empresas conheçam esses papéis de compra, pois, muitas vezes, os esforços de marketing devem ser direcionados para o influenciador ou para o decisor, por exemplo, e não apenas para o comprador.

(3.4)
O processo de decisão de compra

Esse é um processo de cinco estágios pelos quais os consumidores passam ao realizar suas compras. O primeiro passo é o RECONHECIMENTO DA NECESSIDADE, que é o momento em que o consumidor percebe uma diferença entre seu estado real e o desejado. Esse reconhecimento pode ocorrer tanto por estímulos internos quanto por externos, como a recomendação de alguém.

O segundo passo é a BUSCA DE INFORMAÇÕES, quando o consumidor começa a procurar saber mais sobre o produto que pretende comprar. A busca de informações pode se dar quando o consumidor está atento à informações sobre o produto, porém não as está procurando ativamente ou buscando de forma mais decidida.

O passo seguinte é a AVALIAÇÃO DE ALTERNATIVAS. No passo anterior, o consumidor já selecionou algumas opções de produtos e, nesse passo, cabe a ele optar por algum deles. Os produtos são vistos como agrupamentos de atributos com capacidade variada de determinar satisfação e cada consumidor possui um conjunto de crenças sobre as marcas desses produtos (imagem de marca) e sobre seus atributos, que também possuem diferentes graus de importância, conforme as preferências pessoais do consumidor. Algumas dimensões ou atributos utilizados como parâmetros na avaliação das alternativas são: preço, marca, país de origem, *design*, entre outras.

Em seguida, temos o quarto passo, que consiste na DECISÃO DE COMPRA. Essa decisão é influenciada pela atitude dos outros (que pode ser positiva ou negativa em relação à escolha realizada), pelos fatores situacionais imprevistos (eventos que podem acontecer inadvertidamente, como a falta do produto escolhido ou uma mudança de preço) e pelo risco percebido.

Por fim, o quinto e último passo do processo de decisão de compra é o PÓS-COMPRA. Após adquirir e utilizar o produto ou serviço, o consumidor determinará se ficou ou não satisfeito com a compra realizada. Ou seja, ele compara o desempenho do produto ou serviço com as suas expectativas anteriores à compra e, então, decide sobre a sua satisfação. Outro processo que pode ocorrer no pós-compra é o da dissonância cognitiva, que se revela quando o indivíduo se questiona se escolheu corretamente ou não. A dissonância cognitiva ocorre geralmente em compras grandes, que envolvem altas quantias monetárias e que são difíceis de selecionar e de desfazer.

Atividades

1. (Faculdade Estácio de Sá, 2002) Um fabricante acaba de desenvolver um produto inteiramente novo: um gel que, passado diariamente sobre os dentes, antes de o usuário dormir, protege-os de cáries por um período três vezes maior que a simples escovação diária. O fabricante sabe que deverá esperar um processo decisório complexo por parte do público-alvo, em função de fatores como a falta de informação dos consumidores sobre o produto, a existência de produtos pseudossimilares e o preço do gel. No complexo processo decisório do consumidor, haverá cinco etapas, durante as quais o fabricante poderá deparar-se com inúmeros problemas. Dentre as opções a seguir, qual

é a única em que o problema descrito corresponde à etapa apresentada?
a. Reconhecimento do problema: o consumidor não percebe a necessidade do produto.
b. Busca de informação: o consumidor não valoriza novas marcas.
c. Seleção de alternativas: o consumidor não dá importância às recomendações dos balconistas da farmácia.
d. Compra: o consumidor não sabe como usar o produto.
e. Pós-compra: há insuficiente propaganda persuasiva.

2. Avalie se as afirmativas a seguir são verdadeiras (V) ou falsas (F):
( ) A motivação é um fator psicológico de influência do consumidor, pelo qual ele interpreta as mensagens recebidas por meio dos cinco sentidos.
( ) Os grupos não tendem a influenciar as decisões de compra para produtos adquiridos exclusivamente para uso pessoal.
( ) Uma subcultura é um segmento no interior de uma cultura que compartilha valores e padrões de comportamento distintos que diferem da cultura como um todo.

Marque a alternativa que corresponde à ordem correta:
a. F, F, V.
b. V, V, F.
c. F, V, F.
d. F, V, V.
e. V, F, F.

(4)

Introdução ao planejamento estratégico de marketing*

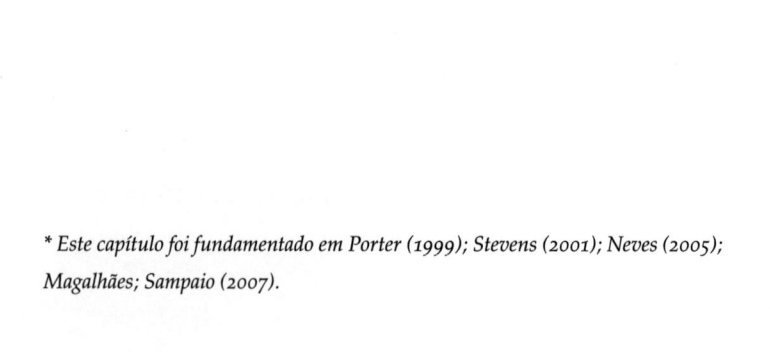

* *Este capítulo foi fundamentado em Porter (1999); Stevens (2001); Neves (2005); Magalhães; Sampaio (2007).*

Valesca Persch Reichelt

O objetivo deste capítulo é discorrer sobre o processo estratégico de marketing adotado nas empresas. Esse processo é contínuo e deve estar sempre sendo reavaliado. É constituído principalmente por quatro passos: análise dos mercados, planejamento estratégico, implementação da estratégia e ações de controle do processo.

(4.1)
O processo estratégico de marketing

Como vimos no capítulo anterior, o marketing tem uma função social muita importante, mas não deixa de ser também um processo gerencial que precisa ser constantemente monitorado pelas organizações. Sendo assim, é importante que a gestão de marketing se utilize de métodos e processos que contribuam para que os resultados sejam obtidos da melhor forma possível.

As etapas do que costumamos chamar de *processo de marketing* são: análise, planejamento, implementação e controle, conforme exposto na figura a seguir.

Figura 4.1 – Processo de marketing

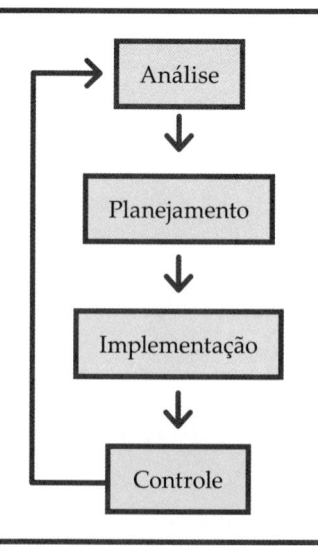

```
┌─► Análise
│     ↓
│   Planejamento
│     ↓
│   Implementação
│     ↓
└── Controle
```

Como podemos ver na Figura 4.1, o processo de marketing é contínuo, ou seja, ele nunca termina, está sempre se retroalimentando e iniciando novamente. Isso ocorre porque os mercados estão sempre em constante mutação, tornando-se cada vez mais dinâmicos, e isso exige uma constante reavaliação por parte da organização no que tange aos seus procedimentos estratégicos. Abordaremos, na sequência, cada um desses passos do processo de marketing.

(4.2)
Primeiro passo: análise

A análise é o momento em que são feitas as pesquisas de mercado e abrange diversos aspectos que envolvem o processo estratégico, como os consumidores, a concorrência e o mercado em geral. Como o próprio nome diz, é o momento de analisar o ambiente, verificando suas possibilidades e perigos. Veja o exemplo a seguir, retirado de Magalhães e Sampaio (2007, p. 1):

> *Na indústria de vinhos, por exemplo, o marketing inclui compreensão detalhada de como o gosto do consumidor varia, em bases nacionais ou regionais; inclui também domínio da legislação e de questões de engarrafamento, rotulagem e exportação; conhecimento das redes de distribuição disponíveis, conhecimento de como o conjunto de fatores externos interage com a arte e a ciência do crescimento; e até mesmo as propriedades do cultivo das uvas que se transformarão em uma larga variedade de vinhos.*

Portanto, não é possível definir as estratégias de marketing sem antes fazer uma análise detalhada do que chamamos de *ambiente de marketing*. Este inclui diversos fatores do cenário em que a organização está inserida, os quais se dividem em aspectos do macro ou do microambiente de marketing. A principal diferença entre os aspectos do macroambiente e os do microambiente é que, no primeiro, estão os fatores e situações que a empresa deve conhecer e estudar, haja vista que ela não exerce nenhuma influência sobre eles, além de ter de superá-los, já eles não podem ser alterados.

No microambiente, por sua vez, estão os fatores mais próximos à organização, no sentido de que ela pode exercer influência sobre esses aspectos. Isso não significa, entretanto, que ela pode controlá-los, mas sim que ela pode realizar ações que permitam que o ambiente se torne mais favorável aos objetivos da organização. A seguir, detalharemos os aspectos envolvidos tanto no macro quanto no microambiente de marketing.

Macroambiente de marketing

Como afirmamos anteriormente, o macroambiente envolve aspectos que a empresa não pode influenciar. Portanto, o objetivo da análise dos aspectos do macroambiente de marketing é possibilitar à organização a previsão de tendências e a oportunidade de transformá-las em oportunidades de mercado ou contribuir para a proteção da empresa contra ameaças, ao se criarem planos de contingência.

As principais forças do macroambiente de marketing são:

- AMBIENTE DEMOGRÁFICO: envolve aspectos como densidade demográfica, taxas de crescimento populacional, pirâmide etária, grau de instrução e outros dados voltados ao estudo da população.

- AMBIENTE ECONÔMICO: inflação, taxas de juros, variação cambial, cotações de bolsa de valores, períodos de crescimento ou recessão etc.
- AMBIENTE TECNOLÓGICO: novas tecnologias desenvolvidas às quais a empresa precisará adaptar-se.
- AMBIENTE NATURAL: forças da natureza, como clima, temperatura, chuvas, desastres naturais (terremotos, furacões, tsunamis), bem como escassez de matérias-primas, nível de preservação ambiental etc.
- AMBIENTE POLÍTICO-LEGAL: clima político e legislação, incluindo normas e restrições legais.
- AMBIENTE SOCIOCULTURAL: crenças, valores e normas que definem os gostos e as preferências dos consumidores, conforme discutimos no Capítulo 2, quando falamos sobre cultura.

O conjunto dessas forças ou aspectos do macroambiente forma o cenário em que a empresa se insere, o qual precisa ser compreendido para a melhor tomada de decisões estratégicas, principalmente mercadológicas, por parte da organização.

Microambiente de marketing

O microambiente de marketing, por sua vez, envolve aspectos do ambiente que estão mais próximos à empresa, no sentido de que ela pode exercer alguma influência sobre eles (embora não possa controlá-los). Os principais fatores do microambiente de marketing em uma empresa são:

- INTERMEDIÁRIOS DE MARKETING: atacadistas, varejistas, representantes, distribuidores e outros envolvidos no

processo de distribuição dos produtos e serviços da empresa.
- PÚBLICOS: clientes, sindicatos, mídia e comunidade em geral.
- FORNECEDORES: organizações que fornecem produtos e serviços para a empresa.
- CONCORRENTES: diretos (comercializam exatamente o mesmo produto ou serviço da empresa) ou indiretos (vendem produtos ou serviços que substituem o da empresa).

Esse conjunto de aspectos do microambiente influencia o dia a dia da empresa, precisando ser monitorado constantemente.

(4.3)
Segundo passo: planejamento

Segundo Magalhães e Sampaio (2007), podemos dizer que marketing é conhecer, decidir e agir. Sob esse ponto de vista, a etapa de análise que vimos anteriormente equivale a conhecer, e a etapa de planejamento equivale a decidir[a]. Veja o que dizem sobre isso os autores (Magalhães; Sampaio, 2007, p. 125):

> *Se marketing é conhecer, decidir e agir, o leitor-planejador deve levar em conta que, tão importante quanto compreender o mercado – nele incluindo consumidores, prospects e*

---

a. Magalhães e Sampaio (2007) afirmam que AGIR equivale aos passos IMPLEMENTAÇÃO e CONTROLE do processo de marketing, ou seja, ao terceiro e quarto passos.

concorrentes diretos e indiretos – é saber decidir de modo inteligente a respeito do que deve ser feito e de como fazer, de modo a chegar à etapa da ação ciente de estar fazendo exatamente o que deve ser feito e da maneira mais adequada.

Para a etapa de planejamento de marketing, portanto, são importantes os seguintes itens:

- elaboração das declarações de visão, missão e princípios;
- definição do posicionamento estratégico a ser adotado pela empresa;
- definição de um plano de ação.

A seguir, apresentamos cada um desses itens importantes para a elaboração de um bom planejamento de marketing.

Definição de visão, missão e valores

Esses aspectos são importantes para que a organização construa uma identidade do seu negócio, estabelecendo o clima organizacional, os padrões de conduta que devem ser seguidos, enfim, o que está realmente sendo perseguido como meta nessa nova empresa.

A MISSÃO é importante como referência e determinação de foco. Em geral, deve-se determinar na missão uma espécie de objetivo de longo prazo ao qual a empresa quer chegar, ou seja, a razão de sua existência. Por isso mesmo, a missão deve ser mantida por um longo período de tempo, não devendo ser modificada constantemente, em curtos intervalos, para evitar a perda de foco e de referência da organização. Isso não quer dizer, de forma alguma, que ela é estática e que jamais poderá ser alterada, mas que as alterações devem ocorrer apenas em intervalos longos, na forma de ajustes de direção.

Dentro desse contexto, algumas características de uma boa declaração de missão são a objetividade, a clareza e a capacidade de vislumbrar o negócio da empresa, evitando a miopia[b]. Ela consiste em uma frase que descreve quem é o público-alvo da empresa, o que a empresa vende, em qual negócio ela está inserida e como ela se posiciona no seu mercado. Uma boa missão deve ser facilmente compreensível e de fácil memorização pelos funcionários da empresa. Um exemplo clássico que ilustra essas qualidades é a missão da empresa Walt Disney: "Fazer as pessoas felizes". Basta que os colaboradores da Walt Disney se lembrem dessas quatro simples palavras para eles saberem exatamente o que a empresa persegue e como estes devem atuar. Enfim, uma boa definição de missão funciona como um farol, indicando a direção certa a ser seguida.

A VISÃO é também chamada por especialistas de *intenção estratégica*, pois ela deverá responder à questão implícita: Aonde queremos chegar como organização? Ela sintetiza qual é a visão de futuro da empresa e como ela quer ser vista e reconhecida. Trata-se da definição do espaço e do lugar onde a empresa deseja estar no futuro, determinando-se até mesmo quando isso deverá acontecer. Muitas vezes, o texto da declaração de visão inclui literalmente o ano em que se espera que as metas definidas sejam atingidas. O objetivo de uma declaração de visão bem definida é garantir a concentração de esforços na busca das oportunidades futuras da organização que estão projetadas ali.

---

b. *Miopia*, em marketing, é um termo criado por Theodore Levitt, na década de 1970, ainda usado até hoje. Representa as empresas com foco no seu produto e não no negócio, além de visão de curto prazo, em vez do enfoque no longo prazo.

Determinar e divulgar os PRINCÍPIOS que regem a atuação de uma organização e os VALORES prezados por ela são iniciativas que trazem muitos benefícios, entre eles a atração de funcionários talentosos e de clientes que valorizam uma empresa correta. Permitir que os *stakeholders*[c] conheçam tais princípios é fundamental, porém é importante que eles sejam realmente seguidos e colocados em prática no dia a dia da organização.

Certamente, não é fácil fazer com que os colaboradores compreendam e pratiquem os princípios e os valores que regem a organização, mas os benefícios desse esforço são muito grandes quando comparados aos casos nos quais os funcionários não sabem exatamente o que a empresa espera deles em termos de comportamento. Busca-se, portanto, homogeneizar a cultura predominante na empresa, chamada de *cultura organizacional*.

Vejamos como poderia ser uma visão e uma missão bem formuladas para uma empresa no ramo de alimentação, como um restaurante, por exemplo:

- MISSÃO: oferecer alimentação de qualidade aos nossos clientes, proporcionando a eles lazer e saúde, de forma a maximizar o valor aos nossos acionistas e clientes.
- VISÃO: ser o melhor fornecedor de alimentação, com saúde e lazer, na Região Sul do Brasil, até o ano de 2012.

Definição do posicionamento estratégico da empresa

Estamos vivendo em uma era de grande competitividade entre as organizações. A competição está presente, de forma

---

c. *Stakeholders* são todos os *players* que interagem com a empresa, entre eles os clientes, os funcionários, a comunidade em geral, a mídia, os fornecedores, os concorrentes etc.

avassaladora, em quase todos os setores da economia, sendo impossível ignorá-la. Diante desse cenário, é imprescindível que as novas empresas, e mesmo as empresas que já atuam há muitos anos no mercado, tenham um posicionamento estratégico bem definido, para fazer frente à concorrência local e até global. Para Porter (1999), o posicionamento estratégico se caracteriza pela criação de uma abordagem vantajosa sobre a competição em determinado setor. Para ele (Porter, 1999, p. 10), "Todas as empresas devem melhorar de forma contínua a eficácia operacional de suas atividades, mas as diferenças de desempenhos sustentáveis quase sempre dependem de uma posição estratégica distinta".

Em geral, as empresas devem definir a estratégia a ser adotada no âmbito setorial, ou seja, diante de seus concorrentes que atuam no mesmo setor. Essa é a chamada *estratégia competitiva*. Entretanto, temos também a chamada *estratégia corporativa*, aquela que é adotada por uma empresa que atua em vários setores diferentes. No plano setorial, essas empresas devem optar pelos setores estrategicamente mais interessantes.

Iremos tratar aqui, especialmente, da estratégia competitiva. Entretanto, lembramos que esses dois níveis estratégicos devem estar intimamente relacionados e atuando em sintonia, para garantir a vantagem competitiva da empresa. Feita a análise do ambiente de marketing, proposta no item 4.2, o profissional dessa área terá condições de identificar os pontos fortes e fracos da empresa, os quais também devem ser considerados para que ela faça a melhor escolha.

Estratégias competitivas e genéricas

A palavra *estratégia* origina-se do grego *strategos*, que significa, literalmente, "a arte do general". O termo designava o conjunto de ações voltadas a dirigir forças militares durante uma guerra ou batalha. Foi incorporado ao vocabulário dos negócios por volta da década de 1960.

Em termos organizacionais, a estratégia significa perseguir um plano de ação, capaz de trazer (ou manter) vantagens competitivas para a empresa. Trata-se de escolhas que definem o rumo da organização, sempre condicionadas à situação ambiental (macro e microambiente) e organizacional (recursos, *know-how* etc.). Além disso, devem ser levados em consideração também a visão e a missão da empresa, o tempo disponível, os riscos envolvidos, entre outros elementos importantes. Para uma boa definição estratégica, propomos o mesmo conselho: a empresa deve ter muito claro aonde quer chegar e, então, precisa escolher o melhor caminho para alcançar a sua meta. Deve-se visualizar um diferencial significativo para a empresa, para que ela possa fazer frente à concorrência.

Porter (1999) propõe três estratégias genéricas que podem ser adotadas por uma empresa, não necessariamente de forma excludente. São elas: diferenciação, custos e enfoque.

- DIFERENCIAÇÃO: essa estratégia se caracteriza pela criação de algo de valor, que seja reconhecido como exclusivo pelo mercado. Assim, a oferta da empresa será diferenciada da oferta dos concorrentes. Alguns itens que podem ser utilizados para gerar diferenciação são o estilo, o *design*, a *performance* do produto ou serviço, o atendimento, a imagem etc. A maior vantagem da utilização da diferenciação é que, se as diferenças utilizadas forem realmente valorizadas pelos clientes, a empresa poderá praticar preços e margens mais elevadas. Um exemplo são as marcas de luxo: um produto da marca Channel é vendido por valores elevados, mas considerados justos por consumidores que valorizam essa marca.

- Custos: a estratégia conhecida como *liderança em custos* consiste em obter uma estrutura de custeio inferior à da concorrência, com o objetivo de obter retornos maiores. Para isso, as empresas que adotam essa estratégia utilizam técnicas que viabilizem a sua redução de custos, tais como: economias de escala, controle rígido de gastos administrativos e outros, redução de pessoal, serviços limitados aos clientes, integração para trás etc. Em geral, as empresas que optam pela estratégia de liderança em custos necessitam de grande participação de mercado para se tornarem rentáveis.

  Ela é mais amplamente adotada no mercado de *commodities*, no qual os produtos não apresentam diferenciação entre si (por exemplo: produtos agrícolas, minérios, combustíveis, entre outros). Para os outros setores, a estratégia de liderança em custos apresenta a desvantagem de não criar uma razão pela qual o cliente deva comprar o produto da empresa.

- Enfoque: as duas estratégias apresentadas anteriormente mostram como competir. A estratégia de enfoque, por sua vez, mostra onde competir. A empresa deve concentrar seus esforços em um segmento específico, em um grupo de consumidores, uma dada região geográfica, um estilo ou outra forma de segmentação de consumidores e atender a esse segmento mais eficazmente do que seus concorrentes.

  Utilizando o enfoque, a empresa pode obter as lideranças em custos ou diferenciação mencionadas anteriormente, mas para um grupo específico de clientes. Por exemplo: uma loja pode se especializar em atender às necessidades de pessoas que praticam esportes radicais. Assim, a loja conseguirá diferenciar-se das outras lojas esportivas ou voltadas para o público jovem, tornando-se uma referência para o nicho escolhido.

Podemos observar que, para um mesmo negócio, é possível adotar qualquer uma das três estratégias, basta direcionar a estrutura da empresa e suas ações para isso. Por exemplo: uma fábrica de calçados poderá utilizar a estratégia de liderança em custos, oferecendo calçados baratos, ou, ainda, usar a estratégia de liderança em diferenciação, diferenciando seus calçados pela qualidade, pelo material utilizado ou até pela marca desenvolvida. Por fim, a mesma fábrica poderá utilizar a estratégia de enfoque, concentrando-se no segmento de jovens senhoras que buscam calçados confortáveis para o trabalho, por exemplo.

Definindo um plano de ação

O próximo passo do plano de negócios de uma empresa é definir um plano de ação condizente com a estratégia genérica escolhida, que deve incluir os itens analisados a seguir.

O posicionamento da empresa

A definição do posicionamento da empresa é relevante, pois visa defendê-la da melhor maneira possível diante da concorrência. Essa abordagem deve considerar tanto as forças competitivas existentes no setor quanto os pontos fortes e fracos da própria empresa. Nesse caso, a empresa pode optar por construir defesas que a protejam das forças competitivas ou localizar nichos nos quais algumas das forças sejam mais fracas. Por exemplo: se a empresa for uma produtora de baixo custo, poderá optar pelo confronto com compradores poderosos. Ainda assim, ela deverá tomar cuidado com os produtos vulneráveis à concorrência dos substitutos.

Influência no equilíbrio

Consiste em definir manobras estratégicas que possam influenciar no equilíbrio das forças competitivas, melhorando, assim, a posição da empresa. Nesse caso, a empresa demonstraria uma postura mais ativa, assumindo a ofensiva e combatendo a ação das próprias forças competitivas. Por exemplo: ao criar uma preferência de marca, a empresa ganha maior poder de mercado também com os concorrentes e substitutos.

Antecipação de mudanças no cenário

Analisando o cenário no qual as forças competitivas estão inseridas, a empresa pode prever ações estratégicas, tornando-se capaz de se antecipar às possíveis ações da concorrência. Por exemplo: à medida que as inovações vão avançando no ciclo de vida dos produtos, a diferenciação entre os produtos declina e as empresas tendem a adotar a integração vertical. Isso faz com que pequenos concorrentes acabem por ser eliminados do setor. Esse referencial de antecipação de cenário também pode ser utilizado para prever a rentabilidade final do setor. Porter (1999, p. 43) afirma que "O potencial do setor dependerá, sobretudo, da configuração das futuras barreiras de entrada, da melhoria da posição do setor em relação aos substitutos, da intensidade final da competição e do poder conquistado pelos compradores e fornecedores".

Portanto, a opção competitiva escolhida não deve, de forma alguma, ser estática. A análise das forças competitivas e a reformulação da estratégia devem ser constantes, especialmente diante do cenário altamente mutante que temos atualmente, com mercados dinâmicos e transformações tecnológicas constantes. Os rivais são capazes de copiar com rapidez qualquer posição de mercado. A vantagem competitiva é temporária, por isso ela deve ser sempre perseguida.

A estratégia de marketing de uma organização deve contemplar quatro elementos principais, conhecidos como *composto de marketing, mix de marketing* ou *4 Ps de marketing*. São eles: produto, preço, praça e promoção. Esses quatro elementos serão apresentados e discutidos mais detalhadamente no Capítulo 5.

(4.4)
Terceiro passo: implementação

Após as definições descritas no item 4.3, que estão no nível de decisões estratégicas da organização, passamos para a etapa de implementação, no âmbito tático e operacional. Isso equivale a dizer que, na etapa de planejamento, as decisões estão sendo acertadas e registradas, ou "colocadas no papel". No terceiro passo, elas são implementadas, ou seja, é a hora de arregaçar as mangas e colocar as ideias em prática.

Sabemos que nem sempre o que estava planejado se reflete fielmente na prática, mas uma das artes do planejamento é conseguir chegar o mais próximo possível da realidade com a qual a organização irá deparar-se na etapa de implementação. Como dizem Kotler e Keller (2006, p. 56), "A melhor estratégia de marketing pode ser arruinada por uma implementação ineficiente".

(4.5)
Quarto passo: controle

O último passo do processo de marketing é o controle ou *feedback*, que envolve a avaliação dos resultados obtidos durante todo o processo. Essa avaliação é feita por meio da mensuração dos resultados, que significa verificar, conforme os objetivos estabelecidos, qual foi o resultado alcançado, em termos mensuráveis. Por exemplo: se o objetivo era aumentar as vendas, a empresa deve verificar qual foi o índice de vendas obtido.

A seguir, deve ser feito um diagnóstico desse resultado, ou seja, deve-se verificar se as metas pretendidas foram atingidas, se os resultados esperados foram obtidos com a adoção de determinada estratégia. É como um exame médico – primeiramente, o médico fará avaliações, como a verificação dos nossos batimentos cardíacos. Em seguida, dará o seu diagnóstico, conforme o caso.

Após o diagnóstico dos resultados, a organização pode adotar ações corretivas, caso o resultado encontrado não tenha atendido às expectativas dos gestores, ou então seguir com o mesmo direcionamento estratégico, caso os resultados tenham sido satisfatórios.

Atividades

1. Avalie se as afirmativas a seguir são verdadeiras (V) ou falsas (F):
    ( ) Do ponto de vista de um profissional de marketing, o ambiente natural envolve os recursos naturais disponíveis à organização ou afetados por ela.

( ) O aumento do número de mulheres no mercado de trabalho é uma variável referente ao ambiente político-legal.

( ) As mudanças no ambiente tecnológico podem se tornar tanto oportunidades quanto ameaças para a empresa.

Marque a alternativa que indica a sequência correta:

a. V, V, V.
b. F, F, F.
c. F, V, V.
d. F, V, F.
e. V, F, V.

2. Suponha que o atual presidente do país decida incentivar as exportações por meio de novas taxas alfandegárias e outros demais incentivos. Ao mesmo tempo, percebe-se um aumento significativo na renda *per capita* de alguns países parceiros do Brasil. Essas informações demonstram mudanças nos seguintes ambientes de marketing, respectivamente:

a. Econômico e tecnológico.
b. Político-legal e sociocultural.
c. Demográfico e natural.
d. Político-legal e demográfico.
e. Econômico e demográfico.

(5)

Composto de marketing*

* *Este capítulo foi fundamentado em Zenone; Buairide (2005); Cobra (2005); Kotler (2005).*

Valesca Persch Reichelt

O objetivo deste capítulo é apresentar o composto de marketing, também conhecido como 4 *Ps de marketing*. Esses são os elementos de uma estratégia mercadológica que devem ser utilizados por qualquer empresa, ao definir seu plano de marketing.

(5.1)
Composto de marketing: os 4 Ps

No capítulo anterior, ao analisarmos o processo de marketing, comentamos que uma estratégia de marketing deve contemplar quatro elementos básicos e indispensáveis: o chamado *composto de marketing*, ou *marketing mix*, ou ainda *4 Ps de marketing*. Os 4 Ps foram criados, inicialmente, por Jerome McCarthy, nos Estados Unidos, porém se tornaram uma unanimidade em toda a literatura de marketing. Alguns outros autores até aumentaram o número de Ps, apresentando compostos de marketing formados por 6 Ps ou até mesmo 8 Ps. Porém, preferimos aqui ficar com o mais famoso e aceito conceito dos 4 Ps, que são o produto, o preço, a praça e a promoção. Veremos que eles se sucedem exatamente nessa ordem.

O "P" de *produto* se refere ao produto ou serviço que é ofertado ao mercado para satisfazer às necessidades do público-alvo, bem como à sua marca e à embalagem, que fazem parte da oferta total da empresa. Ele é a primeira decisão do composto de marketing, pois de nada adianta a empresa decidir os outros Ps se ela não tiver algo (produto ou serviço) para oferecer aos clientes.

No momento em que a empresa passa a ter algo a oferecer, ela precisa precificar esse produto, e é aí que entra o segundo "P" de marketing, que é o de *preço*. Esse componente do marketing *mix* envolve a definição estratégica do preço, bem como formas de pagamento e financiamento a serem oferecidas para o mercado. O fenômeno das Casas Bahia, no Brasil, por exemplo, deve-se a sua excelente capacidade de trabalhar com o "P" de preço, pois possibilitou aos consumidores, por meio de parcelamentos de longo prazo, a aquisição de uma diversa gama de eletrodomésticos e móveis, com prestações mensais mínimas.

O terceiro "P" é chamado de *praça*, termo que remete à nomenclatura tradicional dos vendedores, quando se referem à sua área de atuação. Originalmente, a palavra *praça* vem do termo inglês *place*, que significa "lugar". Portanto, esse "P" de marketing está ligado à estratégia de distribuição do produto, designando todo o caminho que o produto percorre, desde o fabricante até chegar às mãos do consumidor final.

Por fim, temos o "P" de *promoção*, que se refere às atividades de divulgação do produto. Depois que a organização desenvolveu uma oferta para o mercado, estabeleceu o preço e distribuiu o produto, ela finalmente pode divulgá-lo, utilizando diversas ferramentas de comunicação com o público-alvo. O termo *promoção* é utilizado aqui, portanto, no sentido de promover o produto.

Os 4 Ps de marketing devem agir de forma integrada, em uma relação de interdependência; afinal, eles devem estar voltados aos mesmos objetivos organizacionais!

A seguir, veremos uma descrição mais detalhada de cada um dos 4 Ps.

Produto

Produto pode ser algo tangível e intangível, é algo comprado para a solução de um problema. Ou, como vimos anteriormente no item 1.5, é um conjunto de atributos tangíveis e intangíveis e de benefícios reais ou percebidos, com a finalidade de satisfazer às necessidades ou desejos do consumidor.

Dizemos que existem cinco níveis de produto, conforme os atributos e os benefícios oferecidos ao consumidor. Os níveis de produto são o produto núcleo, o básico, o esperado, o ampliado e o potencial. Esses níveis estão representados na Figura 5.1, a seguir.

Figura 5.1 – Cinco níveis do produto

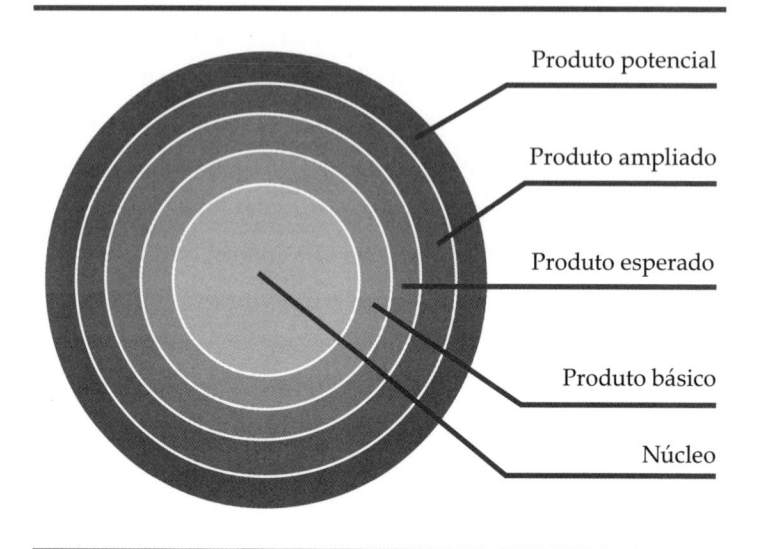

Produto potencial

Produto ampliado

Produto esperado

Produto básico

Núcleo

Fonte: Kotler; Keller, 2006, p. 367.

O PRODUTO NÚCLEO é o único nível de produtos formados exclusivamente por benefício, ou seja, ele é o que o cliente efetivamente procura ao comprar esse produto, visando a sua funcionalidade ou utilidade. Por exemplo: o benefício de um carro é o transporte, e este é também o seu núcleo, na classificação de Kotler e Keller (2006).

O segundo nível é o PRODUTO BÁSICO, que acumula o mínimo de benefícios de um produto, mas que já constitui uma oferta ao mercado. Um carro com rodas, direção e freios, por exemplo, atenderia ao produto núcleo, ou seja, ofereceria transporte ao consumidor. Porém, sabemos que os consumidores esperam um pouco mais de um carro.

O que as pessoas esperam de um produto constitui o PRODUTO ESPERADO. A expectativa de um produto é formada com base em experiências anteriores, comunicação boca a boca ou até pelas propagandas realizadas pelas empresas. Assim, como já andamos de carro, já ouvimos falar e vimos propagandas a respeito desse produto, esperamos que um carro tenha alguns itens, como retrovisores, limpadores de para-brisas, porta-luvas etc. Se um desses itens não for oferecido, o produto será considerado estranho e sua compra pode ser descartada pelo consumidor.

Para se diferenciar dos concorrentes, as empresas procuram aumentar o nível de seus produtos, gerando o nível AMPLIADO. Aqui são atribuídos ao produto itens diferenciados, capazes de fazer com que o produto tenha destaque em relação às ofertas da concorrência. No caso do carro, seriam itens como sensor de estacionamento, direção hidráulica, freios ABS, *air bag* etc. Veja que, à medida que uma empresa vai criando itens de diferenciação para o seu produto e posicionando-o no nível ampliado, as demais concorrentes tendem a copiar essa diferenciação e, em seguida, esta se torna algo esperado pelo consumidor. Foi o que aconteceu, por exemplo, com os aparelhos celulares: algumas empresas passaram a oferecer celulares com câmera fotográfica (um item diferenciado) e, atualmente, todas as marcas oferecem modelos de celular com esse item. Isso faz com que o produto acabe perdendo seu diferencial, e a empresa precisa estar sempre pronta a realizar outras inovações de produto.

O nível potencial existe exatamente para isso. Nesse nível, encontram-se as inovações de produto ainda não lançadas no mercado, que estão em fase de testes, sejam como protótipos, sejam como simples projetos. No momento em que um produto potencial é lançado no mercado, ele se torna um produto ampliado e, assim, ele passará pelos demais níveis. Por exemplo: quando o carro anfíbio[a] for disponibilizado no mercado consumidor, ele se tornará um produto ampliado. Atualmente, ele é um produto potencial.

Podemos fazer essa mesma análise de níveis de produto com algum serviço mais conhecido, como a hotelaria. Podemos perceber, com base em tal análise, que os cinco níveis de produtos também podem ser estabelecidos para os serviços (lembre-se de que um serviço nada mais é do que um produto intangível). Portanto, não importa se a organização em análise administra produtos ou serviços (ou até mesmo ambos), sua principal preocupação deve ser a de manter seus produtos sempre no nível ampliado, para que eles possam se diferenciar dos concorrentes e, assim, consigam obter a preferência dos consumidores. Porém, é preciso lembrar que a vantagem competitiva obtida no nível de produto ampliado é momentânea, pois os diferenciais geralmente são copiados após algum tempo pela concorrência. Por isso, a empresa deve estar sempre pronta para inovar e acrescentar novos atributos e benefícios aos seus produtos.

Preço

Tradicionalmente, o apreçamento feito pelos empresários era realizado sempre pela seguinte fórmula:

$$P = C + L$$

---

a. *Carro anfíbio* é a denominação que se dá a veículos que podem trafegar tanto na terra quanto na água.

A variante "P" é o preço de venda do produto, enquanto a variante "C" é o custo do produto (considerando-se custos fixos e variáveis) e "L" é a margem de lucro desejada pela empresa. Esse método de formação de preço é chamado de *mark up*, sendo que esse termo designa o percentual de lucro acrescido sobre o produto.

Esse método de formação de preço tem sido considerado "míope" atualmente, pois ele só considera itens que estão dentro da empresa, não se preocupando com o mercado, especialmente com os clientes e com os concorrentes. Atualmente, um método de formação de preços adequado deve levar em consideração os 3 Cs, ou seja, custos, clientes e concorrentes. Os CUSTOS são o piso do preço, ou seja, é o mínimo que a empresa pode cobrar pelo produto para que ela não incorra em prejuízo. O CLIENTE determina o teto, ou seja, o preço máximo que um produto pode custar, de acordo com a percepção de valor que ele possui. E os CONCORRENTES determinam vários níveis de preço intermediários.

Sendo assim, podemos dizer que o preço, atualmente, é uma função de concorrência e de posicionamento desejado e não mais de custos. Isso não quer dizer que os custos não sejam importantes, mas eles são apenas mais um elemento na formação do preço, e não o principal deles. A empresa deve adaptar seus custos para se manter competitiva no mercado.

Em um mercado sadio e maduro, podemos ter vários níveis diferentes de preços convivendo harmonicamente, cada um deles atendendo a um nicho diferente de clientes. O nível de preço adotado por uma organização depende do posicionamento desejado e da qualidade do produto. Vejamos, no Quadro 5.1, os níveis de preço relativos ao chocolate.

Quadro 5.1 – Níveis de preço de chocolate

NÍVEL DE PREÇO	MARCA DE CHOCOLATE
Máximo	Godiva
Alto padrão	Kopenhagen
Luxo	Lindt
Necessidades especiais	Diatt (chocolate dietético)
Médio	Nestlé
Facilidade/conveniência	Sonho de Valsa (da Kraft Foods)
Imitações, produtos mais baratos	Dori
Unicamente preço	Pan

FONTE: ADAPTADO DE KOTLER; KELLER, 2006, P. 433.

O mesmo tipo de análise focada em níveis de preço poderia ser aplicado a diversos outros produtos, tais como cerveja, vinhos, roupas, carros etc. Para uma marca, o importante é ter uma estratégia de preço bem definida e percebida pelo consumidor.

Kotler e Keller (2006) afirmam que, para uma boa determinação de preços, a empresa precisa seguir alguns passos:

- selecionar o objetivo da determinação de preços;
- estabelecer o comportamento da demanda;
- estimar, de forma precisa, os custos do produto;
- realizar uma análise de custos, de preços e de ofertas dos concorrentes;
- selecionar um método de determinação de preços, que pode ser focado na concorrência, no valor percebido

pelos clientes, no retorno sobre o investimento ou em outros aspectos;
- selecionar um preço final.

A observação desses passos garante que a determinação de preços seja realizada de forma estratégica na empresa, baseada em uma análise ampla de todos os elementos que influenciam essa variável.

Praça

O "P" de praça é o composto de marketing responsável por oferecer conveniência ao cliente, ao ser utilizado para estabelecer um ponto de contato entre o cliente e o seu mercado. Gerenciar praça significa estabelecer canais de marketing, que são vias por meio das quais um produtor (ou intermediário) facilita o acesso aos bens que produz. Trata-se de uma rede de empresas que torna possível que determinado produto seja fabricado e entregue ao seu consumidor final. Resumidamente, podemos dizer que é o caminho utilizado pelo fornecedor para chegar ao consumidor e para continuar relacionando-se com ele.

Alguns parceiros envolvidos na distribuição dos produtos e serviços de uma empresa são: equipe interna e externa de vendas, distribuidores, varejistas, atacadistas, agentes, representantes, franqueados, concessionários, entre outros. Esses intermediários de marketing são de grande relevância para que se atenda às chamadas *utilidades de marketing*: tempo, lugar e posse. Em outras palavras, eles permitem que o consumidor adquira o produto no lugar certo e na hora certa.

Promoção

A promoção refere-se a todas as formas de comunicação da empresa com o mercado. Ela é o último dos 4 Ps, pois só depois que a empresa desenvolve suas estratégias de preço, produto e distribuição é que ela poderá comunicá-las ao mercado. Essa comunicação se dá por meio do processo de comunicação, conforme a figura a seguir.

Figura 5.2 – Processo de comunicação

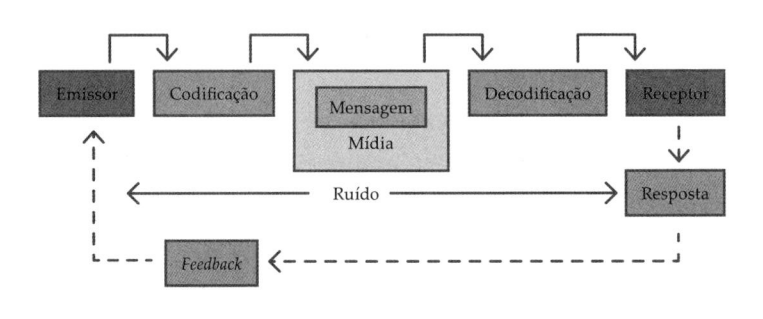

```
Emissor → Codificação → Mensagem / Mídia → Decodificação → Receptor
   ↑                    ← Ruído →                              ↓
   └─── Feedback ←──────────────────────────────────────── Resposta
```

Fonte: Crescitelli; Ogden, 2007, p. 13.

O processo de comunicação é utilizado em qualquer tipo de comunicação que possa acontecer, inclusive na comunicação entre uma organização e seus clientes. Esse processo se inicia sempre por meio de um emissor, que é quem tem algo a comunicar. No caso da comunicação empresarial, esse emissor é a empresa ou a organização que deseja transmitir uma mensagem ao mercado. O emissor desenvolve uma mensagem, que é intermediada pelo processo de codificação, que, por sua vez, consiste no uso de símbolos e de uma linguagem compreensível ao receptor, que é o público-alvo da mensagem. Por exemplo: no Brasil, se utilizarmos uma mão com somente o polegar levantado, o receptor saberá que se trata do sinal de positivo. O mesmo, entretanto, não acontece em algumas outras culturas.

A mensagem codificada precisa ser transmitida por algum meio ou mídia, que, no caso da comunicação empresarial, pode ser feita por meio da TV, do rádio, do jornal, do telefone, entre outros meios. A mídia também deve ser selecionada de acordo com as características do receptor da mensagem. Se a empresa pretende, por exemplo, comunicar determinada mensagem para o público adolescente, de nada adiantará veicular uma propaganda no jornal *Gazeta Mercantil*, que, em geral, não é lido por esse tipo de público.

O receptor receberá a mensagem transmitida e esta passará por um processo de decodificação da sua mensagem, ou seja, ela será interpretada em seu significado. No entanto, é possível que alguns erros de comunicação ocorram no processo de decodificação – são os chamados *ruídos*, caracterizados quando o receptor não compreende o que o emissor queria dizer. Um exemplo de ruído seria uma mensagem que o emissor pretendia que fosse sensual e que acaba sendo interpretada pelo receptor como algo vulgar ou indecente. Porém, é preciso termos claro que a comunicação efetiva é aquilo que o receptor entendeu, e não o que o emissor pretendeu dizer.

Por fim, ocorre uma resposta do receptor, que caracteriza o seu *feedback* à mensagem recebida. Na comunicação organizacional, essa resposta pode ocorrer pela compra do produto, pela lembrança ou imagem de marca, entre outras ações e reações dos consumidores.

As principais ferramentas de comunicação disponíveis para que as empresas se comuniquem com os seus clientes fiéis ou em potencial são: propaganda, marketing direto, promoção de vendas, relações públicas (e publicidade), venda pessoal e *merchandising*.

A propaganda é uma comunicação não pessoal, paga, veiculada por meio de várias mídias. É uma técnica de comunicação em massa, com a finalidade de oferecer informações a um público determinado, provocando atitudes e reações positivas ao produto. A propaganda pode utilizar diversos tipos de abordagem: de informação, testemunhal, de comparação, de humor, emocional, sensual etc. Algumas das mídias que podem ser utilizadas para a veiculação de propagandas são: televisão (aberta ou por assinatura), rádio, jornais, revistas, internet e a chamada *mídia extensiva* ou *exterior*[b], que inclui *outdoors*, *busdoors* (ônibus adesivados com a propaganda de determinado produto) e diversos tipos de painéis, placas e outras formas de divulgação nas ruas.

A venda pessoal é realizada de pessoa a pessoa e envolve influências interpessoais. Uma das suas vantagens como ferramenta de comunicação é a alta capacidade de interatividade e adaptação da mensagem, conforme as características do receptor.

A promoção de vendas consiste em incentivos a curto prazo voltados à experimentação ou compra de um determinado produto ou serviço. Alguns tipos de promoção de vendas são:

- concursos, sorteios, loterias;
- brindes, amostras grátis;
- eventos, feiras, exposições;
- descontos, financiamentos;
- selos, adesivos.

Os profissionais de relações públicas atuam por meio da publicidade, que é o ato de comunicação não pago, com

---

b. Atualmente, esse tipo de mídia não é permitido na cidade de São Paulo.

patrocinador não identificado. Quando a revista *Quatro Rodas* faz avaliações dos automóveis disponíveis no mercado, por exemplo, ela está realizando publicidade. Uma das características da publicidade é a sua alta credibilidade. Outras ações de um profissional de relações públicas são as comunicações corporativas, internas e externas, para promover o entendimento da empresa. Esses profissionais utilizam ainda o *lobbying*, que é o trabalho com legisladores e órgãos do governo.

Merchandising, por sua vez, pode ser de mídia ou de ponto de venda (PDV). O *merchandising* de PDV é um conjunto de técnicas mercadológicas que visam planejar e operacionalizar as atividades que se realizam nos estabelecimentos comerciais. Ou seja, são ações da empresa que visam promover o produto no ponto de venda. Já o *merchandising* de mídia é uma forma indireta de veiculação de uma mensagem comercial. No filme *Náufrago*, com Tom Hanks, por exemplo, ficam evidentes os *merchandisings* das marcas Wilson e Fedex. As novelas da Rede Globo também costumam apresentar ações de *merchandising* de diversas empresas, assim como o caso específico do programa *Big Brother*, também na mesma emissora.

O marketing direto é uma ferramenta de comunicação que envolve a utilização de técnicas que atingem diretamente o mercado-alvo, obtendo respostas diretas e mensuráveis. Algumas ferramentas de marketing direto são o telemarketing, malas diretas e *e-mail* marketing.

O uso das ferramentas descritas anteriormente deve ser feito de maneira integrada, visando à criação de uma imagem corporativa e à adoção de um posicionamento estratégico, mantendo-se o comprometimento com os objetivos organizacionais.

Atividades

1. Revistas, colas do tipo Super Bonder e certas guloseimas são encontradas, muitas vezes, próximas aos caixas de supermercados, padarias e demais estabelecimentos. Supondo que esses fabricantes decidiram obter essa localização nos pontos de venda e se esforçaram para isso, podemos dizer que eles estão colocando em prática a seguinte ferramenta de promoção:
   a. Promoção de vendas.
   b. Propaganda.
   c. Publicidade.
   d. Praça.
   e. *Merchandising*.

2. Qual dos seguintes elementos NÃO faz parte do composto tradicional de marketing, também chamado de *mix de marketing* ou *marketing mix*?
   a. Pessoas.
   b. Distribuição.
   c. Produto.
   d. Preço.
   e. Promoção.

(6)

Análise de segmentos e
posicionamento estratégico
de mercado*

* *Este capítulo foi fundamentado em Hooley (2006); Kotler; Keller (2006); Ferrel; Hartline (2005); Keller; Machado (2006).*

Valesca Persch Reichelt

O objetivo deste capítulo é apresentar importantes decisões estratégicas de marketing, que são a segmentação e o posicionamento de mercado. A segmentação é de extrema importância para a definição do público-alvo (*target*) da empresa, sendo essa a primeira decisão que qualquer empresa deve tomar para iniciar o processo de planejamento de marketing. O posicionamento, por sua vez, está ligado à forma como a empresa se comunica com o mercado e ao espaço que ela pretende ocupar na mente dos consumidores.

(6.1)
Segmentação de consumidores

Iniciaremos pela segmentação de mercado, que significa simplesmente dividir o mercado em fatias, como se ele fosse uma grande torta. Essas fatias devem ter características homogêneas entre si e heterogêneas em relação às demais fatias. Isso equivale dizer que um consumidor categorizado em determinado segmento deve diferir substancialmente dos consumidores de outros segmentos de mercado.

Assim, podemos definir a segmentação como o processo de dividir o total do mercado em grupos homogêneos e relevantes. Esse processo proporciona à organização a oportunidade de:

- identificar um grupo de clientes-alvo;
- apontar suas mensagens e estratégias de marketing para esse grupo específico de consumidores;
- alcançar uma posição distinta na percepção desse grupo.

Para realizar a segmentação de mercado, a empresa deve identificar os fatores que afetam as decisões de compra dos consumidores, ajustando o composto de marketing (ou seja, os 4 Ps) às necessidades de cada segmento. É possível utilizar quatro bases diferentes de segmentação, descritas a seguir.

Segmentação geográfica

A segmentação geográfica é baseada na região geográfica onde o público-alvo está localizado. Portanto, pode ser descrita em países, regiões, cidades, bairros etc. Isso significa dizer que uma empresa pode destinar suas ações de marketing para uma determinada cidade em específico, por exemplo.

Os critérios utilizados para a seleção das cidades ou países também constituem a segmentação geográfica. Uma empresa pode, por exemplo, decidir investir seus esforços de marketing somente em cidades acima de 200 mil habitantes, ou somente em países com PIB superior a determinado valor. Similarmente, a empresa pode decidir atuar em cidades num perímetro de 500 quilômetros, por questões logísticas e de distribuição.

Com base na segmentação geográfica, a empresa pode decidir utilizar estratégias diferentes para mercados distintos. As sandálias Havaianas, por exemplo, adotam preços mais elevados e um posicionamento de produto exótico e elitizado nos Estados Unidos e nos países da Europa, uma estratégia bem diferente da utilizada no mercado brasileiro. As empresas também podem utilizar essa estratégia com vistas a lançar seus produtos em algumas regiões em detrimento de outras, como no caso de algumas marcas de eletroeletrônicos que lançam seus produtos no Hemisfério Norte antes de lançá-los nos países da América Latina.

A segmentação geográfica é uma das estratégias mais simples e comuns que podem ser realizadas. Em geral, recomenda-se que ela esteja aliada a uma outra base de segmentação, que pode ser a demográfica, a psicográfica ou a comportamental. Veremos, a seguir, como é possível realizar uma segmentação demográfica.

Segmentação demográfica

A segmentação demográfica é baseada em algumas características da população, como idade, renda, gênero, escolaridade, estado civil, entre outras. A seguir, são comentados alguns critérios desse tipo de segmentação.

- GÊNERO: esse critério parte do pressuposto de que homens e mulheres possuem comportamentos de compra diferentes para determinados tipos de produtos e serviços. A rede de supermercados Pão de Açúcar realizou uma pesquisa com seus consumidores vindos de bairros elitizados de São Paulo e descobriu que as mulheres costumam fazer suas compras durante a tarde e compram mais cosméticos, pães e bolos. Os homens, por sua vez, compram no começo da noite e investem mais em carnes, temperos e bebidas alcoólicas. Além disso, são mais suscetíveis aos pedidos das crianças.
- IDADE: à medida que as pessoas vão envelhecendo, elas necessitam de ofertas diferentes de produtos e serviços. Seus hábitos, costumes e preferências também se modificam. Logicamente, um adolescente deve ser abordado de maneira diferente do que uma pessoa da terceira idade.
- CICLO DE VIDA FAMILIAR: o ciclo de vida (CV) diferencia as pessoas que podem ter a mesma idade, mas que estão em fases diferentes da vida. As principais etapas do ciclo de vida são: jovens solteiros, casais jovens sem filhos, casais com filhos pequenos, casais com filhos adolescentes, casais com filhos adultos e casais novamente sem filhos (pois os filhos já deixaram a residência familiar). Porém, paralelamente a essas etapas, existe a tendência de novos processos de formação e dissolução familiar, com o aumento dos índices de divórcio, por exemplo.
- QUANTIDADE DE PESSOAS QUE RESIDEM EM UM MESMO DOMICÍLIO: é um critério que também pode ser utilizado na segmentação demográfica – muitos eletrodomésticos, como televisores e refrigeradores, são oferecidos em tamanhos diversos, conforme a quantidade de pessoas

na casa. O mesmo acontece com os imóveis residenciais, que podem ser comprados com diferentes quantidades de quartos e outras opções que consideram a quantidade de pessoas no domicílio, a existência de crianças ou não, entre outros aspectos demográficos.

- RENDA OU PADRÕES DE GASTOS: esse é um dos critérios mais utilizados para a segmentação demográfica. Considera-se que pessoas pertencentes à mesma classe social tenham comportamentos de compra e consumo semelhantes. Conforme comentamos no capítulo relacionado aos comportamentos do consumidor, a Associação Nacional das Empresas de Pesquisa (Anep) considerou adequado dividir a classe C em duas (C_1 e C_2), devido ao grande contingente de brasileiros que se inserem nessa classe social.

Existem diversos outros critérios de segmentação demográfica, tais como raça, tipo físico, escolaridade, estado civil e outros. A revista *Exame* (Estudo, 2004) apontou cinco tendências demográficas:

1. aumento das mulheres no mercado de trabalho;
2. crescimento do número de pessoas que moram sozinhas;
3. advento da terceira idade como mercado consumidor;
4. consumidores de meia-idade com poder aquisitivo acima da média e forte tendência para o empreendedorismo;
5. maior número de casais jovens sem filhos, que adiam a maternidade.

Conhecer essas e outras tendências demográficas é fundamental para que a organização consiga antecipar as necessidades e os desejos dos segmentos que se propõe a atender.

Segmentação psicográfica

A segmentação psicográfica, como o próprio nome sugere, está relacionada a características mais psicológicas das pessoas. Refere-se ao estilo de vida dos consumidores, incluindo sua relação com a família, modo de vida, trabalho, vida social e atividades de consumo. Relaciona-se também com a personalidade dos consumidores, pois se sabe que consumidores mais tímidos têm comportamentos diferentes de consumidores mais expansivos, por exemplo.

Imagine o exemplo de uma empresa qualquer de telefonia que oferece serviços contínuos aos seus clientes e que mantém arquivadas as informações desses clientes em bancos de dados estruturados. Essa empresa poderia, por meio de pesquisas de mercado e análise dos dados arquivados em seus bancos de dados, realizar uma segmentação psicográfica dos seus consumidores. Com esse esforço, a empresa seria capaz de encontrar grupos distintos de consumidores, como: os que valorizam a família e, portanto, querem sempre estar conectados, para poderem entrar em contato e ser localizados por seus familiares; os que utilizam o celular para trabalho, como profissionais liberais e representantes, e que, portanto, valorizam a melhor relação custo-benefício; e os consumidores jovens e interessados em novas tecnologias, como a possibilidade de baixar e ouvir música no celular, ter acesso à internet, entre outros. Com essas informações, a empresa de telefonia seria capaz de desenvolver campanhas de propaganda e oferecer planos de utilização diferenciados, conforme as características de cada um desses segmentos.

Segmentação comportamental

A segmentação comportamental é baseada na relação estabelecida entre o consumidor e o próprio produto, considerando-se como critérios de segmentação o grau de uso do produto, a fidelidade do cliente a determinadas marcas, os benefícios buscados na compra do produto, entre outros aspectos, como podemos observar no Quadro 6.1 a seguir.

Quadro 6.1 – *Critérios de segmentação comportamental*

CRITÉRIO	COMPORTAMENTO
Ocasiões	Ocasião comum, ocasião especial.
Benefícios	Qualidade, serviço, economia, rapidez.
Status do usuário	Não usuário, ex-usuário, usuário potencial, usuário iniciante, usuário regular.
Índice de utilização	*Light user* (utiliza muito pouco), *medium user* (utilização mediana) e *heavy user* (utilização intensiva do produto).
Status de fidelidade	Nenhuma, média, forte, absoluta.
Estágio de prontidão	Desconhece, consciente, informado, interessado, desejoso, pretende comprar.
Atitude em relação ao produto	Entusiasta, positiva, indiferente, negativa, hostil.

FONTE: ADAPTADO DE KOTLER; KELLER, 2006, P. 245.

Lembramos que é possível e interessante utilizar mais de uma base de segmentação, e até todas as bases, se for possível! As consequências são que o segmento ficará menor e mais focado e seus integrantes serão ainda mais homogêneos. Entretanto, deve-se tomar cuidado para não tornar o segmento pequeno demais e, consequentemente, sem relevância econômica para a empresa.

É importante salientar, ainda, que é possível segmentar também os mercados empresariais, o que é especialmente útil para as organizações que atuam no mercado *business to business*.

(6.2)
Posicionamento de mercado

Segundo Kotler e Keller (2006), podemos definir *posicionamento* como o ato de desenvolver a oferta e a imagem da empresa, para que esta ocupe um lugar destacado na mente dos clientes-alvo. O primeiro autor a falar sobre a importância da utilização de estratégias de posicionamento foi Al Ries – ele salienta a importância de utilizar a comunicação de maneira eficiente, por meio da definição de um posicionamento estratégico bem definido. Dessa forma, a marca ou o produto conseguirá entrar na mente dos clientes, posicionando-se.

Vamos examinar o exemplo da indústria automobilística – as duas maiores montadoras de automóveis no Brasil, em termos de volume de vendas, são a Volkswagen e a Fiat. Vejamos como as duas se posicionam no mercado, conforme a Fenabrave (2007):

- Volkswagen: a empresa adota o *slogan* "Perfeito para a sua vida". Esse *slogan* remete à capacidade dos automóveis da marca de se adequarem ao dia a dia dos clientes, ao seu cotidiano. A marca utiliza referências que a associam a uma tradição de mercado combinada ao fato de oferecer automóveis robustos, com acabamentos menos arrojados, típicos da cultura alemã, de onde a marca se origina.

- Fiat: o *slogan* utilizado é "Movidos pela paixão". A proposta é a sonhar, a se apaixonar, a realizar coisas que estão fora do cotidiano dos consumidores, a viver o novo, o inusitado, a se permitir descobrir novos padrões de vida e de consumo. As referências utilizadas são voltadas para a inovação, o que se reflete nos automóveis da marca, com acabamento mais cuidadoso, típico do *design* italiano, cultuado no país de origem da empresa.

Percebemos, assim, que as duas empresas utilizam estratégias de posicionamento opostas, apesar de atuarem nos mesmos segmentos de mercado e disputarem, portanto, os mesmos consumidores. Conforme as características psicográficas desses consumidores (suas formas de se relacionarem com o produto automóvel e mesmo as suas crenças pessoais), cada um escolherá uma dessas duas propostas de valor oferecidas pelas empresas.

Em posicionamento estratégico, é importante que a empresa sempre ofereça uma proposta de valor, que seria um argumento convincente para o mercado-alvo comprar o produto. Certamente, essa proposta de valor deve estar diretamente associada ao produto ou serviço oferecido, pois de nada adianta oferecer uma razão de compra que não é sustentada pela oferta da empresa. Por exemplo: durante muitos anos, a proposta de valor do sabão em pó Omo foi: "Omo lava mais branco, o branco que a sua família merece". Esse argumento só pode ser utilizado como posicionamento da marca se o produto realmente tiver um desempenho superior, comparado aos outros produtos disponíveis no mercado.

Existem casos em que a empresa precisa promover dois benefícios do produto para conseguir um posicionamento de mercado. Um exemplo seria o produto Dermodex® Prevent, concorrente da pomada Hipoglós. A empresa destaca na sua comunicação que o produto "protege contra assaduras e é mais fácil de espalhar". Como o benefício da proteção contra assaduras não é exatamente um diferencial, pois a marca concorrente também faz isso, a empresa optou por propor uma outra característica, esta, sim, com uma proposta de valor diferenciada – ser mais fácil de espalhar.

Em geral, é muito difícil mudar um posicionamento, ou seja, uma vez que a marca ocupou sua posição na mente do consumidor, dificilmente será possível mudá-la, principalmente para as empresas concorrentes. Nesse caso, existem três estratégias possíveis, segundo Kotler (2005):

1. reforçar a atual posição;
2. conquistar uma posição não ocupada;
3. destituir ou reposicionar a concorrência.

Chamamos de *reposicionamento* esse esforço de mudar o posicionamento de uma marca. No Brasil, um caso extremamente bem-sucedido de reposicionamento de marca foi o das sandálias Havaianas. Essa marca era direcionada para a baixa renda, com uma linha limitada de produtos e campanhas de propaganda voltadas apenas para seus atributos: não desbota, não solta as tiras etc. Após um processo cuidadoso, que envolveu os 4 Ps de marketing, a empresa conseguiu se reposicionar na mente dos consumidores. Foram desenvolvidos novos produtos, com cores e formatos diversos; o preço foi reformulado, de forma a atender a nova proposta da marca; a distribuição foi diversificada, abrangendo lojas de calçados mais requintadas, localizadas em pontos estratégicos, como *shopping centers*. Por fim, a comunicação também sofreu mudanças; alterou-se o *slogan* para: "Havaianas, todo mundo usa" e sempre são utilizadas personalidades famosas e um tom leve e bem-humorado.

Diferenciação

Cada vez mais os produtos e os serviços sofrem com o processo chamado de *comoditização* – uma aproximação com as chamadas *commodities*, que são produtos sem diferenciação. Os aparelhos de celular, por exemplo, ficam cada vez mais parecidos entre si e, quando uma empresa lança alguma inovação, como os celulares com câmeras, rapidamente as empresas concorrentes copiam a oferta. Para evitar essa armadilha, as empresas devem se preocupar constantemente com a diferenciação, que é o ato de desenvolver um conjunto de diferenças significativas que distingam a oferta da empresa da oferta dos concorrentes.

A diferenciação pode estar baseada em diferentes aspectos da oferta da empresa. Podem ser aspectos do PRODUTO, como desempenho, *design*, estilo e outras características (como no exemplo dos celulares, comentado anteriormente). Também pode estar focada em SERVIÇOS, como instalação, entrega, manutenção e treinamento. A diferenciação por PESSOAL se concentra nos colaboradores da empresa, que podem ser mais competentes ou que oferecem maior cortesia e credibilidade. O CANAL DE DISTRIBUIÇÃO também pode diferenciar a oferta, com uma melhor cobertura ou desempenho.

Porém, a principal estratégia de diferenciação que garante um diferencial sustentável para a empresa no longo prazo é a diferenciação baseada na IMAGEM da marca.

Estratégias de posicionamento

Algumas das estratégias de posicionamento que podem ser adotadas pelas organizações para suas marcas e produtos estão destacadas no quadro a seguir, acompanhadas de exemplos.

Quadro 6.2 – *Estratégias de posicionamento*

ESTRATÉGIA	EXEMPLO
Por atributo	A maior, a pioneira.
Por benefício	Lava mais branco.
Por utilização	Melhor tênis para futsal.
Por usuário	Melhor hotel para executivos.
Por concorrente	A concorrência nunca viu nada igual.
Por categoria de produto	Melhor carro *off-road*; melhor refrigerante *light*.
Por qualidade ou preço	Muito mais por muito menos.

Erros de posicionamento

Quando a organização adota determinado posicionamento estratégico e, no entanto, a imagem que os consumidores têm a seu respeito é diferente do posicionamento pretendido, dizemos que houve um erro de posicionamento. Existem, pelo menos, quatro tipos de erros de posicionamento, segundo Kotler (2005):

- SUBPOSICIONAMENTO: os consumidores têm uma vaga ideia da marca e não conseguem identificar qual a proposta de valor ou qual a razão que deveria fazê-los escolher determinada marca em detrimento de outras.

- SUPERPOSICIONAMENTO: os consumidores têm uma imagem estreita da marca, associando-a apenas a um tipo de produto ou oferta específica, como no caso da marca Bic: a empresa está superposicionada como fabricante de canetas e isqueiros; por isso, ao tentar lançar uma linha de meias-calças femininas, a empresa foi mal-sucedida.
- POSICIONAMENTO CONFUSO: esse erro de posicionamento resulta das mudanças constantes de posicionamento, deixando o consumidor confuso em relação ao que a marca pretende oferecer como diferencial.
- POSICIONAMENTO DUVIDOSO: ocorre quando é difícil acreditar no que a marca alega. Os suplementos que propõem emagrecimento rápido ou organizações que realizam promoções de preço constantemente são exemplos desse tipo de posicionamento equivocado.

Esses erros de posicionamento devem ser evitados pelas empresas, pois eles podem prejudicar a eficácia das ações mercadológicas realizadas, em especial as ações de comunicação.

Atividade

1. Avalie se as afirmativas a seguir são verdadeiras (V) ou falsas (F):

    ( ) Segmentação de mercado é o processo de dividir o mercado em grupos de compradores potenciais que possuem necessidades e desejos, percepções de valor ou comportamentos de compra similares.

( ) Lisa segmentou seu mercado. Ela irá atender mulheres entre 18 e 35 anos com pelos menos um filho e com instrução universitária. Lisa está utilizando a segmentação demográfica.

( ) Os profissionais de marketing raramente utilizam mais de uma base de segmentação, justamente para facilitar o trabalho.

Marque a alternativa que corresponde à sequência correta:

a. V, V, F.
b. V, F, V.
c. F, F, F.
d. V, V, V.
e. F, F, V.

# (7)

Marketing de relacionamento
e fidelidade de clientes*

* *Este capítulo foi fundamentado em Levitt (1995); Gale (1996); Albrecht (1999); Silva; Zambon (2006).*

Valesca Persch Reichelt

O objetivo deste capítulo é apresentar o novo paradigma de marketing, conhecido como *marketing de relacionamento*, que parte do pressuposto de que uma estratégia de marketing deve ser construída com base em diversas interações entre empresa e cliente, e não apenas em transações isoladas nas quais o cliente se mantém anônimo. As ações de marketing de relacionamento visam à obtenção da fidelidade do consumidor, tema que também será abordado neste capítulo, assim como os programas de fidelização.

(7.1)
Conceito

O marketing de relacionamento diz respeito à atração, ao desenvolvimento e à retenção dos relacionamentos com os clientes. Levitt (1995, p. 121) compara o relacionamento entre empresa e cliente com um casamento. Segundo ele, a venda em si apenas confirma o namoro. O autor alerta, entretanto, para os cuidados com a manutenção dos relacionamentos, dizendo que "a tendência natural dos relacionamentos, seja em casamento, seja em empresa, é a entropia – erosão ou deterioração da sensibilidade e da atenção". É preciso tomar cuidado para não substituir interações autênticas por formalidades burocráticas.

Existem outras denominações para o marketing de relacionamento, como *marketing 1 to 1*, ou *one-to-one marketing*, *gerência de relações com clientes* (Customer Relationship Management – CRM), *gerência de relacionamento corporativo* (Enterprise Relationship Management – ERM), *marketing em tempo real e gerência de relacionamento contínuo*. No entanto, a ideia central é desenvolver e gerenciar relações individuais com clientes individuais.

O CRM é considerado um dos três processos de negócios que geram valor para o cliente. Os outros dois seriam a gerência de desenvolvimento de produtos e a gerência da cadeia de suprimentos. O CRM é responsável por todo o processo de identificação e criação de conhecimento sobre o consumidor, de construção do relacionamento com o cliente e de adequação da percepção do consumidor sobre a empresa e seus produtos.

Para Srivastava et al. (1999), os subprocessos da atividade de CRM são:

- identificação de novos consumidores potenciais;
- determinação das necessidades dos consumidores atuais e potenciais;
- aprendizagem sobre uso e aplicação do produto;
- desenvolvimento e execução de programas de propaganda;
- desenvolvimento e execução de programas de promoção;
- desenvolvimento e execução de programas de serviços;
- desenvolvimento e execução de programas de vendas;
- desenvolvimento e alavancagem de tecnologia de informação e sistemas para o contato com o consumidor;
- realce da confiança e da fidelidade do consumidor.

Logo, utiliza-se a sigla CRM para descrever o processo de implantação e administração do marketing de relacionamento, que, por sua vez, consiste em uma ideia ou filosofia que a empresa adota no que tange ao tratamento dado aos seus clientes.

O marketing de relacionamento fundamenta-se na ideia de que a empresa deve estar preparada para mudar seu comportamento conforme as características individuais de seus consumidores, com base no que estes relataram para a empresa e em tudo mais que esta pesquisou sobre ele. Por meio do conhecimento desses dados individuais, a empresa pode passar a tratar diferenciadamente seus consumidores e a estabelecer um relacionamento de aprendizagem com eles.

Além disso, a empresa pode quantificar o valor de cada consumidor, sendo esta uma característica diferenciadora de seus clientes. O valor do consumidor é calculado por meio da quantidade do produto/serviço comprado (na empresa e/ou na concorrência), da frequência de compra e do número de anos que esse consumidor ainda tem pela frente como potencial consumidor do produto/serviço comercializado pela empresa.

O conceito de participação no cliente (em vez de no mercado) está relacionado com o marketing de relacionamento. As empresas vislumbram a possibilidade de vender mais produtos aos mesmos clientes fiéis, em vez de vender o mesmo produto para uma gama maior de clientes, que não necessariamente estarão interessados em repetir essa experiência de compra. Isto é, a preocupação será vender a um único cliente o maior número de produtos possível, de diferentes linhas, durante um longo período de tempo. O que está em jogo não é somente a qualidade do produto, mas, principalmente, a qualidade do relacionamento.

Pode-se dizer que os conceitos analisados, juntamente com a formação de bancos de dados com informações individuais dos clientes, formam as bases do marketing de relacionamento. Por meio desse conceito e do uso da tecnologia, é possível estimular, de três formas diferentes, os consumidores a preferir o produto ou serviço da empresa aos da concorrência:

- estabelecer um programa contínuo de recompensas (como os das companhias aéreas);
- dar tratamento preferencial aos melhores compradores;
- fornecer ofertas ou benefícios especialmente elaborados para segmentos especiais.

Para Peppers e Rogers (2000), a tecnologia de bases de dados permite que uma empresa acompanhe seus clientes de forma individual. Assim, em vez de trabalhar com amostras do mercado de clientes potenciais para determinar as necessidades do "cliente médio", a preocupação é com um cliente de cada vez, utilizando três tipos de tecnologia: base de dados, interatividade e personalização em massa.

Os mesmos autores (Peppers; Rogers, 2000) afirmam que, a cada interação e nova personalização – cada vez que a empresa e o cliente investem em sua relação –, a companhia é capaz de adequar seus produtos e serviços às necessidades daquele cliente de uma melhor forma. Podemos chamar esse tipo de relacionamento de *relação de aprendizado*. O aprendizado gerado por meio das várias interações com o consumidor é o que garante a vantagem competitiva da empresa em relação aos seus concorrentes. Mesmo que um concorrente ofereça o mesmo nível de customização e interação, ele não poderá oferecer ao consumidor a mesma conveniência sem antes passar por um processo de aprendizado, que demanda certo tempo. Assim, estão ganhando espaço as relações do tipo ganha-ganha, nas quais as duas partes envolvidas na transação saem ganhando e o relacionamento se solidifica.

O marketing de relacionamento envolve o acompanhamento das transações e interações de clientes individuais ao longo do tempo, em todas as linhas de produtos e serviços, o que exige uma grande integração de dados e processos. Isso desafia a infraestrutura existente nos canais de distribuição, tanto que a gerência de uma iniciativa de marketing de relacionamento séria pode significar repensar a estrutura organizacional, os sistemas de informação, os orçamentos e a forma de remunerar os vendedores de uma dada empresa (Peppers; Rogers, 2000).

Conforme Rapp e Collins (1996), se a empresa vender tanto para consumidores quanto para outras empresas, um relacionamento permanente com clientes orientado por um banco de dados pode maximizar as vendas e lucros globais em alguma das sete importantes maneiras relacionadas a seguir:

- repetir venda: maximiza vendas repetidas;
- venda adicional: maximiza a receita por venda e por cliente;
- manter venda: maximiza a fidelidade do consumidor;
- venda cruzada: maximiza a promoção cruzada;
- acrescentar venda: maximiza a ampliação de linha;
- nova venda: maximiza o sucesso de um novo empreendimento;
- venda a amigo: maximiza defesa e indicações.

Portanto, podemos afirmar que o uso do marketing de relacionamento como uma ferramenta de marketing visa intensificar o relacionamento com o cliente, buscando a fidelidade dele.

(7.2)
Níveis do marketing de relacionamento

Segundo Berry e Parasuraman (1995), existem três níveis de marketing de relacionamento que uma empresa pode praticar, dependendo do tipo e do número de elos que ela utilize para promover a lealdade de seus clientes.

- Nível 1: geralmente chamado de *marketing de frequência* ou *de retenção*. São usados incentivos de preço para estimular os clientes a trazer mais negócios para a empresa. Como o preço é o elemento mais facilmente imitado do *mix* de marketing e, em si, não oferece uma vantagem competitiva sustentável, podemos dizer que os resultados a longo prazo do programa, em termos de fidelização, tendem a ser decepcionantes. Ex.: os programas de milhagem.

- Nível 2: a empresa procura formar elos sociais acima dos elos financeiros que possam existir. Enfatiza a prestação de serviço personalizado e a transformação de consumidores em clientes.
- Nível 3: os relacionamentos são consolidados com elos estruturais, além dos sociais e dos financeiros. Os elos estruturais geralmente são serviços com base na tecnologia, que nem sempre estão prontamente disponíveis por meio de outras fontes.

Além dos níveis, existem também os modelos de marketing de relacionamento, que apontam quatro caminhos mais frequentemente seguidos para se estabelecer um vínculo com o cliente em um relacionamento que vai além da simples venda de um produto ou serviço (Rapp; Collins, 1996). Os modelos são baseados na utilização de um banco de dados de clientes e na interação direta com estes.

- Modelo de recompensas: consiste em um programa de continuidade que recompensa um comportamento desejado. O que o torna um poderoso instrumento de marketing, atualmente, é o recurso de acompanhar e controlar o comportamento de um cliente identificado, cada vez que uma venda é realizada, bem como utilizar a informação registrada no banco de dados para personalizar o acompanhamento promocional. Os programas de recompensas variam amplamente, desde os programas de passageiros frequentes das companhias aéreas estabelecidas há muito tempo, que cedem viagens gratuitamente, até o sucesso de varejistas em conceder pontos conversíveis em dinheiro ou recompensa em mercadorias, vinculados à frequência de compra.

- O MODELO CONTRATUAL: a característica isolada mais importante desse modelo de relacionamento contínuo é que o custo total ou parcial do programa é inteira ou parcialmente coberto por uma assinatura realizada ou uma matrícula paga. O cliente financia o programa.
- O MODELO DE VALOR AGREGADO: os benefícios oferecidos por empresas que adotam o modelo de valor agregado podem atuar isoladamente ou podem ser combinados com os benefícios "consistentes" (descontos e concessão de prêmios) do modelo de recompensas.
- MODELO INFORMACIONAL: nesse modelo, a empresa fornece aos *prospects* (clientes potenciais ou clientes incluídos no banco de dados) informações úteis, periodicamente.

Esses modelos de aplicação do marketing de relacionamento podem ser utilizados isoladamente ou somados. Ao usar mais de um modelo simultaneamente, a empresa potencializa os pontos em que estabelece relacionamento com seus clientes.

(7.3)
A importância da tecnologia no marketing de relacionamento

O uso da tecnologia aplicada ao marketing de relacionamento gera eficácia e facilidade, tanto para a empresa quanto para o consumidor. A tecnologia possibilita que as interações sejam construtivas, reduzindo o *stress* por parte do consumidor, uma vez que a empresa o reconhece, sabe quem ele é e quais são suas necessidades.

A rapidez e a agilidade no processamento das informações são imprescindíveis para otimizar a reação da empresa à necessidade que está sendo exposta pelo cliente.

Além disso, a tecnologia permite que a empresa armazene mais informações sobre um consumidor específico a cada contato deste, seja esse contato uma solicitação de compra, uma reclamação ou uma simples sugestão. A integração das diversas alternativas de comunicação disponíveis facilita esse aumento de informações individualizadas, pois a interação pode ocorrer tanto por telefone quanto por *e-mail* ou qualquer outra forma de comunicação.

Desde o início dos tempos, proprietários de estabelecimentos comerciais, como armazéns praticavam, a seu modo, marketing de relacionamento com seus clientes. Esses comerciantes buscavam conhecer as necessidades e desejos de seus clientes, fazendo ofertas personalizadas. Atualmente, entretanto, é impossível conhecer todos os clientes de uma grande organização sem o uso da tecnologia da informação.

O banco de dados garante uma memória precisa das necessidades individualmente diferenciadas dos clientes. Os cuidados com a atualização dos dados são fundamentais e garantem a utilidade da tecnologia.

Outro fato importante é que a velocidade da tecnologia da informação não faz apenas com que a informação seja imediatamente acessível a qualquer momento, mas também torna as pessoas mais acessíveis à informação. Todos estão, na maioria do tempo, conectados, levando consigo os próprios telefones ou *palm tops*, conectando-se seguidamente à internet, viabilizando que sejam facilmente encontrados.

Nas companhias aéreas, por exemplo, a identificação dos consumidores se dá na própria compra da passagem, visto que esta é nominal. Os bancos de dados permitem que seja feito um controle de frequência de viagens, o que facilita a categorização dos clientes. Essa categorização implica tratamentos diferenciados para os diferentes níveis de valor dos clientes. Os programas de fidelização são a forma como essas empresas operacionalizam seu relacionamento com os consumidores. Segundo o valor do cliente, determinado pela sua frequência de viagens, a empresa oferece diferentes níveis de serviço. Os clientes de maior valor (aqueles que viajam mais) são agraciados com tratamento diferenciado e premiados com viagens gratuitas.

(7.4)
Fidelidade de clientes

Sabemos que a criação de um relacionamento duradouro com o cliente pode levar à fidelidade deste. A fidelidade pode ser definida como um profundo e consistente comprometimento em termos de recompra futura de um produto ou serviço preferido, gerando, portanto, compras repetidas de uma mesma marca, apesar das influências situacionais e dos esforços de marketing para provocar um comportamento de mudança ou busca de outra marca. Cabe lembrar que existem situações em que o consumidor não tem a oportunidade ou necessidade de recomprar, mas, ainda assim, mantém-se fiel ao produto ou empresa.

A fidelidade total resulta em um comportamento de compra da marca preferida independente dos custos, o cliente simplesmente não aceita nenhuma outra marca em lugar da preferida. Porém, não são todas as empresas que podem atingir esse estágio avançado de fidelidade. Isso requer, no mínimo, superioridade do produto ou serviço, além de consumidores que podem tornar-se defensores determinados da marca e um ambiente social favorável. Se esses requisitos não forem atingidos ou forem inatingíveis, a fidelidade se tornará mais precária.

A satisfação é comumente associada à fidelidade. Podemos definir *satisfação* como uma sensação prazerosa de preenchimento de necessidades, desejos e objetivos. Essa sensação é avaliada perante um padrão estabelecido de prazer versus desprazer. Para que a satisfação influencie a lealdade, é necessária um satisfação frequente ou acumulativa, de forma que episódios isolados se somem. Entretanto, assim como a satisfação é fundamental para a construção da fidelidade, especialmente no estágio de fidelidade afetiva, descrito a seguir, a insatisfação é o tendão de aquiles da fidelidade – dificilmente um cliente insatisfeito se torna fiel!

Existem casos nos quais a satisfação se dá sem a lealdade, como uma refeição satisfatória que nunca mais é experimentada. A lealdade existe também sem a satisfação, como o amor incondicional ao país de origem. No entanto, a satisfação é como se fosse uma semente de lealdade, que precisa de cuidados especiais para crescer e frutificar. Esses cuidados seriam uma analogia para a propensão à fidelidade, ao suporte social e aos esforços mercadológicos da empresa. Sem esses fatores, a satisfação existe, mas não se transforma em lealdade, como uma semente que não germinou.

O risco percebido também pode ser considerado como uma das razões da fidelidade dos consumidores: as pessoas com alta percepção de risco são também as que apresentam maior fidelidade, pois essa é uma das maneiras de reduzir, controlar ou evitar o risco percebido. O tipo de risco percebido também faz diferença: quanto mais sério o risco, maior a fidelidade. Ex.: fidelidade a remédios é maior do que à comida.

Segundo Peppers e Rogers (2000), as organizações devem desenvolver uma relação personalizada com os clientes de maior valor e maior potencial para a empresa, de forma que seja cada vez mais conveniente para o cliente manter seus negócios com elas e que seja cada vez mais inconveniente mudar para um concorrente. Em outras palavras, as empresas devem garantir que a fidelidade traga conveniência para o cliente. Como já dissemos, a satisfação não traz fidelidade, necessariamente. Clientes satisfeitos mudam, desde que não haja custo nessa mudança. Portanto, outro aspecto que garante a fidelidade é a inconveniência de mudar. Por isso, clientes insatisfeitos não necessariamente mudam de fornecedor, pois pensam no custo da mudança e na inconveniência que isso traz.

A lealdade só pode ser considerada verdadeira se ela estiver inserida nas três fases do processo de decisão, quais sejam: (1) os atributos da marca devem ser preferidos aos oferecidos pela concorrência; (2) as informações devem coincidir com uma preferência afetiva (atitude) em relação à marca; e (3) o consumidor deve ter uma forte intenção de comprar a marca, comparada com as outras alternativas.

(7.5)
Fases da fidelização

Existem quatro fases de fidelidade do consumidor. Primeiro, os consumidores se tornam fiéis de uma forma cognitiva, passando a uma forma afetiva, depois em termos de intenção de compra (conativa) e, finalmente, tornam-se fiéis em termos comportamentais, o que pode ser descrito como *ação inercial*.

A seguir, cada uma dessas fases é detalhadamente descrita.

1. FIDELIDADE COGNITIVA: é a primeira fase da fidelidade e está baseada apenas nas crenças em relação à marca. As informações sobre os atributos da marca disponíveis ao consumidor indicam se a marca é a preferida, comparada com as outras alternativas oferecidas. O que é levado em conta são os índices de *performance* da marca, os custos e os benefícios, e não a marca em si. Esse é o tipo mais tênue de fidelidade e, portanto, mais fácil de ser quebrado.

2. FIDELIDADE AFETIVA: na segunda fase do desenvolvimento da fidelidade, uma atitude favorável em relação à marca é desenvolvida, com base no acúmulo de ocasiões satisfatórias de uso. Essa fase reflete a dimensão de prazer presente na definição de satisfação (sensação prazerosa de preenchimento, como descrito anteriormente). A fidelidade está diretamente associada ao grau de afeto (gostar) para com a marca.

3. FIDELIDADE CONATIVA: esse é o estágio de intenção de comportamento influenciado por repetidos episódios de afeto em relação à marca. Conotação implica um compromisso de recompra direcionado a uma marca específica. A fidelidade conativa, portanto, é o estágio da fidelidade no qual surge o profundo e consistente comprometimento de comprar, presente na definição de fidelidade. Entretanto, o consumidor tem a intenção de recompra, mas esse desejo pode se tornar uma ação não realizada.

4. FIDELIDADE COMPORTAMENTAL: nesse estágio, a intenção do estágio anterior se transforma em prontidão a agir, muitas vezes unida ao desejo de superar obstáculos que poderiam impedir a ação. Esse estágio é também chamado de *inercial*, por estar relacionado ao hábito.

Esse é o tipo mais sólido de fidelidade e, portanto, o mais difícil de ser quebrado.

O aumento da competição global e regional, a competição de preço e a fragmentação de mercado seriam razões racionais para o consumidor prestigiar o produto ou serviço com o preço preferido (menor) e características melhores ou mais customizadas. A ausência dessas razões racionais na escolha denota que o consumidor preferiu ser fiel. Isso equivale a dizer que, ao decidir ser fiel a determinada marca, o consumidor, em geral, está agindo por motivações emocionais de compra.

Um obstáculo que pode surgir à lealdade são as idiossincrasias do consumidor, como o comportamento de busca pela variedade. Esse tipo de comportamento não permite que a fidelidade se desenvolva até que não haja mais variedade para experimentar, principalmente nos estágios cognitivo e conotativo. Até que o consumidor atinja o estágio inercial, o desejo por novas experiências poderá ser muito forte para ser ignorado.

Outros obstáculos à fidelização são a fidelidade a mais de uma marca, a desistência do consumo do produto (ex.: parar de fumar) e as mudanças de necessidade. As mudanças de necessidade podem ocorrer de duas formas: na primeira, o consumidor amadurece e novas necessidades suplementam as antigas, como a criança que se transforma em adolescente; a segunda é a racionalidade, ou quando uma inovação competitiva preenche mais eficientemente as necessidades do consumidor.

(7.6)
Benefícios da fidelização de clientes para a empresa

À medida que a satisfação e a lealdade do cliente vão crescendo, faz sentido pensar nele como um ativo da empresa, um ativo cujo valor aumenta com o passar do tempo. Por isso, é importante para as organizações a formação de clientes verdadeiros, fidelizados, que dificilmente deixarão a empresa pela concorrência.

Empresas que possuem clientes fidelizados não precisam gastar grandes somas na retenção dos clientes, pois estes são motivados por recompra inercial. A não ser por deterioração da *performance* (o que é um potencial indutor do comportamento de mudança em qualquer um dos estágios de fidelização), só a não disponibilidade poderia levar o consumidor a experimentar outra marca.

Além disso, as empresas que possuem um grande número de clientes verdadeiros tendem a ter custos mais baixos do que as que possuem maior rotatividade de clientes. A rotatividade resulta em custos, pois é necessário persuadir os clientes potenciais que não conhecem bem o serviço da empresa e seus benefícios a se tornarem clientes, bem como providenciar serviços iniciais a novos consumidores.

Portanto, costuma-se dizer que é mais vantajoso, em termos de custos, manter os atuais clientes do que conquistar novos.

(7.7)
Programas de fidelização

A finalidade dos programas de fidelização é a concentração em clientes individuais; o objetivo é fazer com que eles se identifiquem e, dessa forma, recompensá-los pela sua fidelidade e frequência de uso do serviço. A intenção dos programas de fidelização é criar um senso de participação no consumidor e recompensá-lo com produtos ou serviços extras (ex.: voos) ou bens e serviços suplementares. Esses programas são comuns nos dias atuais e são oferecidos por companhias de cartão de crédito, por varejistas e até por fabricantes de automóveis (ex.: General Motors).

É necessário fazer uma diferenciação entre programas de fidelização e promoções. Apesar de os programas de fidelização utilizarem ferramentas promocionais, percebem-se as seguintes diferenças entre essas duas ferramentas:

Quadro 7.1 – *Diferenças entre programas de fidelização e promoções*

PROGRAMAS DE FIDELIZAÇÃO	PROMOÇÕES
Objetivam criar um relacionamento permanente entre cliente e empresa.	Objetivam apenas compras e recompras, em oportunidades momentâneas.
Recompensam os consumidores mais frequentes, que consomem mais, são mais fiéis.	Recompensam os que participam da promoção, mesmo que seja a primeira compra.
Ação contínua.	Ação com prazo determinado.

FONTE: ROCHA, 1998, P. 43.

Para Rocha (1998), os diversos pré-requisitos necessários para a criação de um programa de fidelização podem ser classificados em pré-requisitos estratégicos, táticos e operacionais, a saber:

- PRÉ-REQUISITOS ESTRATÉGICOS: referem-se à importância do programa de fidelização e à forma como se insere no planejamento estratégico da empresa.
- PRÉ-REQUISITOS TÁTICOS: concentram as questões e decisões táticas que envolvem o programa de fidelização.
- PRÉ-REQUISITOS OPERACIONAIS: são os cuidados relativos à administração diária do programa.

Sendo assim, percebemos que a fidelidade do consumidor é extremamente importante para que as empresas perdurem e se sustentem no longo prazo. Os programas de fidelização contribuem para a construção da fidelidade e são especialmente eficientes quando combinados com outras estratégias, como o bom atendimento aos clientes e a qualidade de produtos e serviços.

Atividades

1. Assinale a alternativa correta em relação ao nível 2 de marketing de relacionamento:
   a. Utiliza benefícios de preço.
   b. Baseia-se em tecnologia.
   c. Utiliza-se de programas de marketing de frequência.
   d. Presta serviços personalizados.
   e. Todas as alternativas anteriores estão corretas.

2. O banco de dados de clientes (*database marketing*) possibilita que as empresas utilizem uma estratégia de marketing customizado, como uma alternativa ao tradicional marketing de massa. Uma característica que NÃO representa o marketing customizado é:

   a. mensagem personalizada.
   b. oferta customizada ao mercado.
   c. produto-padrão.
   d. mensagens de ida e volta.
   e. Alternativas "c" e "d".

(8)

Implementação do marketing de relacionamento*

* *Este capítulo foi fundamentado em Levitt (1995); Bekin (2004); Lovelock; Wirtz (2006); Lupetti (2007).*

Valesca Persch Reichelt

Este capítulo tem como objetivo discutir o processo de implantação de dois importantes elementos de marketing em empresas de serviços: o marketing de relacionamento e o endomarketing. No marketing de relacionamento, são apresentados quatro passos que permeiam o processo de implantação, além de aspectos como a tecnologia e a comunicação com os clientes. No endomarketing, salienta-se a importância do envolvimento dos colaboradores para o sucesso das atividades de marketing em uma empresa de serviços.

(8.1)
Implementação do marketing de relacionamento em empresas de serviços

A implementação é um momento bastante crítico no processo de adoção de um programa de marketing de relacionamento. É preciso estar atento para o perigo de a empresa não entender completamente o conceito e acabar usando-o apenas como uma desculpa para a utilização do marketing direto e do telemarketing. A conscientização e a absorção completa do conceito e de suas implicações devem gerar o envolvimento de todos os funcionários com a nova causa da empresa, o que é imprescindível para o sucesso de um programa de marketing de relacionamento.

Duas coisas devem ser levadas em consideração quando se decide implementar uma teoria na vida real: em primeiro lugar, a experiência prática dos profissionais e, em segundo, o fato de que cada caso de implementação é uma combinação única de características gerais e específicas.

Existem quatro passos indispensáveis para a implementação de um programa de marketing de relacionamento na empresa, a saber: identificação, diferenciação e interação com os clientes e customização do produto ou serviço de maneira a atender às necessidades individuais de cada consumidor. Esses passos são de uma complexidade crescente, mas também levam a um nível crescente de benefícios para a empresa. A seguir, é detalhado cada um deles.

Identificação de clientes

Peppers e Rogers (2000) afirmam que é impossível estabelecer uma relação com alguém que não conseguimos identificar. Assim, é absolutamente necessário conhecermos os clientes individualmente, com o maior número de detalhes possível e sermos capazes de reconhecê-los em todos os pontos de contato, todas as formas de mensagem, ao longo de todas as linhas de produtos, em todos os locais e em todas as divisões.

Na fase de identificação dos consumidores, está implícita a ideia de que a empresa deve estar apta a localizar e contatar diretamente pelo menos uma porção razoável de seus consumidores mais valiosos, e é importante que a empresa os conheça individualmente: não só seus nomes, endereços e números de telefone, mas também os seus hábitos, preferências, atitudes e outras características relevantes.

Uma empresa não deveria basear suas ações de marketing somente em dados ou informações disponíveis (secundários), por três motivos: geralmente, eles provêm de inferências estatísticas e não de conhecimentos individuais reais (ex.: renda média); deve-se atentar para a parcialidade e o viés dos dados, causados por fatores como índice de recusa, influências externas, entre outros; o que as pessoas dizem fazer e o que fazem nem sempre são fatos coincidentes.

Peppers e Rogers (2000) defendem ainda que identificar o cliente significa conhecer sua identidade, sua forma de contato preferida, todas as suas transações e interações realizadas com a empresa. Todos esses dados devem estar disponíveis em todos os pontos de contato com o cliente. Este deve ser identificado independentemente do canal escolhido para entrar em contato com a empresa.

É necessário incentivar o cliente a se identificar. Isso é feito por meio de programas de fidelização, que, na realidade, deveriam chamar-se *programas de frequência*. Esses programas servem para fazer com que o cliente, por meio de algum tipo de atrativo, identifique-se cada vez que realiza uma transação com a empresa, não servindo para fidelizar o cliente, mas apenas para identificá-lo. A quase totalidade desses programas está baseada em algum tipo de pontuação, que premia o cliente que compra com frequência. Ressaltam a importância de identificar os clientes, obtendo para cada um deles dados como: história e transações, receita e lucratividade, reclamações, canal de comunicação preferido, momento de vida, valor (real, potencial e estratégico), potencial de crescimento e risco.

Diferenciação de clientes

A diferenciação de consumidores implica diferenciá-los em dois sentidos amplos: diferente valor para a empresa (alguns têm valor muito alto, outros nem tanto) e diferentes necessidades de produtos e serviços da empresa. A diferenciação possibilita que a empresa foque seus esforços de maneira a adquirir maior vantagem com os consumidores mais valiosos. É preciso saber quais são os consumidores que jamais comprarão o produto da empresa e parar de investir recursos e esforços, tentando, em vão, convencê-los (Pine II; Peppers; Rogers, 1995). Isso implica estabelecer algum tipo de critério de estratificação, modelo de lucratividade ou medida de valor dos clientes.

O objetivo da diferenciação de clientes é encontrar os clientes de maior valor (CMVs) e os clientes de maior potencial (CMPs), considerando-se como valor o valor vitalício, ou *Lifetime Value* (LTV), que é o valor que o cliente possui em toda a sua história transacional com a empresa, as referências que ele criou e que se transformaram em vendas etc. Sempre pensando em LTV, o valor do cliente pode ser medido em termos reais, ou seja, toda a lucratividade do cliente ao longo de sua relação com a empresa e em termos potenciais, ou seja, a lucratividade dos negócios futuros que o cliente pode realizar com a empresa. O valor real dividido pelo valor potencial equivale à participação do cliente (Peppers; Rogers, 2000).

Recomenda-se, portanto, a implementação de iniciativas distintas para os diferentes extratos de clientes. Para os CMVs, deve-se implementar programas de retenção. Já os CMPs necessitam de tratamento distinto, sendo necessário desenvolver um vínculo com esses clientes por meio de incentivos, como concessão prematura de privilégios. Segundo Peppers e Rogers (2000), em relação aos BZs (*Below Zeros*), os que dão prejuízo, o valor real dos serviços prestados deve ser cobrado e seus nomes devem ser suprimidos das listas de mala direta e de outras iniciativas de contatos, sem, entretanto, eliminar seus nomes da base de dados da empresa. Estes têm seu valor real e estratégico abaixo do custo de atendimento, ou seja, não há expectativa de lucratividade.

Interação com os clientes

A eficiência de custos e a eficácia na interação com os consumidores são fatores muito importantes para o sucesso de um programa de marketing de relacionamento. A eficiência de custos pode ser obtida por meio das interações pelos canais mais automatizados e menos custosos para a empresa. A eficácia, por sua vez, depende de que cada interação com o consumidor aconteça no contexto das interações anteriores, gerando informações relevantes sobre as necessidades e os valores do consumidor.

É necessário melhorar a eficiência e a eficácia das interações com os clientes, ou seja, não somente buscar a forma mais barata e automatizada de interação, mas também a mais útil em termos de produção de informação que possa ajudar a fortalecer as relações com os clientes. Além disso, toda interação com o cliente deve se estabelecer dentro do contexto de todas as outras interações com aquele cliente (Perppers; Rogers, 2000).

Para os mesmos autores, uma vez descobertos os clientes de maior valor e os clientes de maior potencial, deve-se ter em relação a eles o objetivo final de desenvolver uma relação de aprendizado, na qual os serviços e os produtos a eles ofertados sejam cada vez mais personalizados, para que vejam conveniência em continuar com a empresa. Quando a interação é iniciada pela empresa, ela deve obedecer a duas regras básicas: deve utilizar o canal de comunicação preferido do cliente e ter a permissão dele para utilizar esse canal, devendo as mensagens ter algo de valor para o cliente.

Seguem algumas sugestões importantes, segundo Peppers e Rogers (2000), para a interação:

- ter objetivos claros;
- não pedir informações que a empresa já tem;
- usar a forma de contato preferida do cliente;
- ser sensível ao tempo do cliente;
- assegurar-se de que o cliente veja valor no diálogo;
- incentivar o diálogo por meio de números 0800, páginas na *web*, caixas de sugestão etc.;
- proteger a privacidade do cliente.

Dessa forma, a empresa evita que o cliente se aborreça

a cada tentativa de interação, permitindo que o relacionamento entre empresa e cliente se solidifique.

Customização

Customizar (personalizar) alguns aspectos do comportamento da empresa melhora o atendimento aos clientes. Para incentivar os clientes a manterem uma relação de aprendizado, a empresa precisa se adaptar às necessidades individuais expressas pelo cliente. Isso pode significar a personalização em massa de um produto ou a personalização das opções oferecidas ao redor dele. O que o marketing de relacionamento realmente significa é simplesmente tratar clientes diferentes de forma diferente, de modo que isso seja significativo para os clientes individualmente. Esse tipo de personalização torna-se viável apenas por meio de uma metodologia de "personalização em massa" – processo que permite criar uma variedade de produtos altamente específicos por meio de componentes distintos ou módulos. Por exemplo: 12 módulos "A", quando combinados com 25 módulos "B", 16 "C" e 13 "D", são suficientes para gerar mais de 60 mil produtos possíveis (Peppers e Rogers, 2000).

Para os mesmos autores, com base no conhecimento das necessidades dos clientes, a empresa deve personalizar seus serviços e produtos, no intuito de tornar única a experiência de se fazer negócios com ela. Quanto mais personalizamos, mais valor entregamos ao cliente, que vê conveniência em repetir a compra na empresa. Para tanto, é necessário que ela se flexibilize e treine adequadamente as pessoas que têm contato com o cliente.

Levitt (1995) usa o termo *miopia* para caracterizar a falta de flexibilidade ou inventividade de uma empresa. Segundo ele, as empresas precisam esquecer o produto ou serviço em si e passar a pensar nas necessidades do consumidor, buscando atendê-las da melhor forma possível. Não reconhecer isso pode levar uma empresa ao fracasso quando esta adota o marketing de relacionamento, pois a capacidade de atendimento de necessidades específicas de consumidores exige uma visão ampliada do negócio da empresa, bem como uma grande flexibilidade.

Portanto, a customização deve se dar não simplesmente no sentido de adaptar as características do produto, mas principalmente de atender, de diferentes maneiras, às necessidades individuais dos consumidores.

A sobrevivência das empresas depende de sua capacidade de adaptação. A filosofia do marketing de relacionamento pressupõe que a empresa como um todo seja uma organização flexível, voltada para atender às necessidades de cada consumidor de maneira individualizada e específica. Essa flexibilidade deve se refletir nos mais diversos aspectos da empresa, como nas tomadas de decisão, nas operações em geral, nos processos produtivos, na logística e na distribuição. A flexibilidade se torna imprescindível, uma vez que se assume que as necessidades do consumidor estão em processo contínuo de mudança.

(8.2)
Comunicação com os clientes

Para a adoção do marketing de relacionamento em uma empresa de serviços, é preciso se comunicar constantemente com os clientes, de maneira individualizada. Para Peppers e Rogers (1996), a mídia individualizada difere da mídia em massa de três formas distintas:

- permite enviar uma mensagem única, separada, a cada indivíduo específico;
- é bilateral, e não unilateral. Isso permite que a direção das mensagens não seja só da empresa para o cliente, mas, sim, em ambas as direções;
- é econômica, pois atinge apenas o foco.

As mídias consideradas mais individualizadas são a internet, o telemarketing, a correspondência segmentada e personalizada (malas diretas), a TV por assinatura, as revistas especializadas e regionalizadas.

O banco de dados de consumidores é o atual mercado exclusivo no qual a empresa pode realizar vendas adicionais, fazer promoções cruzadas, explorar novos canais de distribuição, testar novos produtos, iniciar novos empreendimentos e – o mais importante – desenvolver um relacionamento personalizado constante com os melhores clientes, a fim de solidificar sua fidelidade.

(8.3)
Reclamações e sugestões

A filosofia do marketing de relacionamento defende o incentivo das reclamações e as encara como uma oportunidade para a solução de problemas ou para a melhoria de um aspecto qualquer: características do produto, distribuição, comunicação etc. Indo além, as reclamações se transformam em um instrumento de cooperação, com as quais tanto a empresa quanto o cliente colaboram em prol de um objetivo comum.

Levitt (1995, p. 121) afirma que a ausência de queixas por parte dos clientes é sinal de um relacionamento ruim ou em declínio, afinal, "pessoa alguma jamais está assim tão satisfeita, especialmente durante longo período de tempo".

Infelizmente, muitas vezes nos entristece a negligência com a qual os serviços pós-venda são tratados pelas empresas. As empresas sempre se preocuparam com os serviços que antecedem a venda de um produto ou serviço, ou com a venda propriamente dita, deixando os serviços de pós-venda – no qual está incluído o tratamento das reclamações – de lado.

Para Abreu (1996), serviços pós-venda visam, entre outras coisas, fidelizar clientes por meio das seguintes atividades de marketing:

- identificação da base de clientes;
- pesquisa para conhecimento de suas necessidades e expectativas;
- mensuração repetida da extensão da satisfação dos clientes pelos serviços ou produtos atuais;
- fornecimento de canais de comunicação amplos;
- demonstração ativa de sentimentos de reconhecimento a eles.

Há programas formais de pós-venda que objetivam realçar as relações com os clientes e que podem ter caráter reativo ou ativo. Nos programas de caráter ativo, a empresa se antecipa ao cliente, buscando saber seu nível de satisfação com o produto ou serviço adquirido. Nos de caráter reativo, entretanto, a empresa aguarda o contato do cliente, correndo o risco de cometer mais erros ou de gerar a insatisfação do cliente.

Apontamos alguns erros geralmente cometidos por empresas no atendimento a reclamações e sugestões dos clientes, segundo Albrecht (1992):

- APATIA: pouco caso ou falta de interesse por parte do funcionário que recebe a reclamação.

- Dispensa: desprezo em relação ao problema ou necessidade apresentada pelo cliente, dispensando-o.
- Frieza: hostilidade e impaciência com o cliente que apresenta a reclamação.
- Condescendência: tratamento do cliente com atitude paternalista.
- Automatismo: atendimento informatizado e mecanizado.
- Livro de regras: obediência rigorosa às normas da organização e falta de flexibilidade ou autonomia do funcionário para resolver o problema do cliente.

Evitar essas falhas é primordial para que o cliente que faz uma reclamação se sinta acolhido pela empresa, de maneira séria e com soluções eficazes.

(8.4)
Envolvimento dos funcionários e endomarketing

Para que uma estratégia de serviços seja bem-sucedida, ela precisa estar inserida na cultura da organização. Por isso, o treinamento contínuo dos funcionários é importante: ele proporciona a cultura e as habilidades necessárias para que todos os esforços da organização estejam focalizados nos clientes. O treinamento deve ocorrer em todos os níveis e para todas as funções da empresa.

Por essa razão, há a necessidade de treinamento constante dos funcionários da empresa, para que eles se tornem mais sensíveis aos diversos momentos de interação com os clientes. Sobre isso, Levitt (1995, p. 125) afirma que "nada deteriora tão facilmente quanto as práticas e rotinas comportamentais que são e precisam ser institucionalizadas".

A função de marketing é ampla e atinge todas as pessoas da organização. Os profissionais que trabalham nas áreas de marketing e vendas são *full-time marketers*, ou seja, são profissionais de marketing em tempo integral. Os demais profissionais da empresa são *part-time marketers*, ou seja, profissionais de marketing em tempo parcial. Fazem parte desse grupo o presidente da empresa, projetistas, programadores, pessoal de finanças e recursos humanos, telefonistas e recepcionistas, entre outros. Muitas vezes, especialmente quando se trata de serviços, os *part-time marketers* são os que estão mais próximos dos clientes e acabam influenciando os relacionamentos com os consumidores em parte de seu tempo.

As atividades de treinamento e envolvimento dos funcionários, também chamadas de *marketing interno* ou *endomarketing*, apresentam sete pontos essenciais, conforme apresentado na figura a seguir.

Figura 8.1 – Sete pontos essenciais na prática do marketing interno

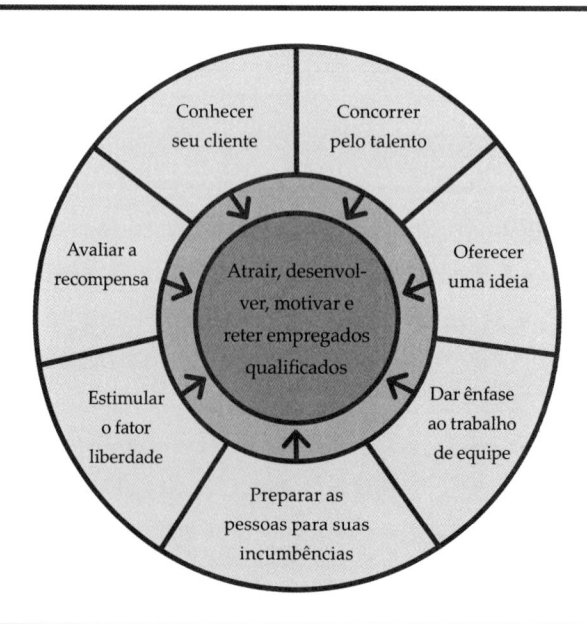

- Conhecer seu cliente
- Concorrer pelo talento
- Avaliar a recompensa
- Oferecer uma ideia
- Estimular o fator liberdade
- Dar ênfase ao trabalho de equipe
- Preparar as pessoas para suas incumbências

Atrair, desenvolver, motivar e reter empregados qualificados

FONTE: ABREU, 1996.

Os sete pontos essenciais na prática do marketing interno, conforme Berry e Parasuraman (1995), são:

a. *Concorrer pelo talento: contratação do melhor quadro de funcionários possível;*

b. *Oferecer uma ideia: filosofia ou cultura fornecida pela empresa, pela qual os funcionários sintam que vale a pena lutar;*

c. *Preparar as pessoas: oferecer treinamento adequado, no momento certo;*

d. *Estimular o fator liberdade: evitar políticas e manuais de instruções muito densos, que limitam a autonomia e a criatividade dos funcionários;*

e. *Avaliação e recompensa: a recompensa pelo trabalho de qualidade consiste em incentivo e motivação para os funcionários;*

f. *Conheça seu cliente: pesquisar as necessidades e desejos dos clientes internos, buscando satisfazê-los;*

g. *Resumo e lista de verificação de atividades: o desempenho do serviço se confunde com o desempenho do pessoal, especialmente no caso dos serviços. Esse fator exige investimento constante na qualidade do pessoal.*

Sendo assim, percebemos a importância do marketing interno, ou endomarketing, para o sucesso de uma estratégia de marketing a ser adotada pela empresa. Com colaboradores (clientes internos) envolvidos, capacitados e motivados, torna-se mais fácil transmitir uma imagem positiva para os clientes externos.

Atividades

1. Aponte a alternativa que indica como o marketing de relacionamento considera as reclamações e sugestões dos clientes:
   a. Consistem em instrumento de cooperação.
   b. São incentivadas e encaradas como oportunidade.
   c. Oferecem possibilidade de solução de problemas ou melhorias.
   d. São utilizadas como fonte de pesquisa.
   e. Todas as alternativas anteriores estão corretas.

2. O marketing interno pressupõe que:
   a. todos os funcionários têm a mesma importância.
   b. somente alguns profissionais devem estar envolvidos com o marketing.
   c. todos os funcionários da organização devem estar comprometidos com a satisfação do consumidor.
   d. As alternativas "a" e "c" estão corretas.
   e. Nenhuma das alternativas anteriores está correta.

(9)

Sistemas de informações de marketing (SIM)

*Este capítulo foi fundamentado em Gomes; Braga (2001); Zikmund (2006); Fuld (2007).

O sistema de informações de marketing (SIM) tornou--se extremamente relevante nos dias atuais, pois, na gestão de marketing, existe uma necessidade muito grande de informações atualizadas disponíveis em tempo real. Com o advento da internet e de outras formas de comunicação rápida, as informações se espalham rapidamente pelo mercado. Para o gestor de marketing, é importante conhecer essas informações rapidamente e tomar decisões para se adaptar a elas. Além disso, a concorrência entre as empresas está se tornando globalizada e não localizada. Essa mudança relativamente recente de mercado aumentou ainda mais a necessidade de informações em tempo real, disponibilizadas pelo SIM. Nesse contexto, aumenta a necessidade de informações sobre desejos, preferências e comportamentos do consumidor.

Atualmente, existem muitos dados disponíveis aos gestores de marketing em relatórios internos ou de institutos, como o Instituto Brasileiro de Geografia e Estatística (IBGE) e a Nielsen. Porém, o grande desafio é transformar esses dados em informações úteis, que permitam que sejam criados novos produtos ou marcas, bem como modificar a estratégia de preço ou distribuição, e assim por diante. Existe muita informação, mas apenas uma pequena parte está disponível de forma organizada e, principalmente, disponibilizada no momento em que elas são necessárias para o gestor de marketing.

Um bom SIM pode trazer vantagem competitiva para a empresa, no mínimo, de três formas diferentes: (1) pela melhor definição dos mercados nos quais deve atuar, o que envolve a escolha do público-alvo e até mesmo a escolha dos locais onde a empresa pretende disponibilizar seus produtos ou serviços; (2) pelo melhor desenvolvimento da oferta, o que significa que melhores informações de mercado permitirão que a empresa desenvolva produtos e serviços melhores para atender aos seus consumidores e inovar perante a concorrência; (3) por meio da melhor execução do planejamento de marketing, visto que o SIM permite o acompanhamento constante das ações de marketing que estão sendo tomadas, bem como dos resultados obtidos.

(9.1)

Conceito de SIM

O SIM é um conjunto de pessoas, equipamentos e procedimentos envolvidos na coleta, classificação, análise e distribuição de informações aos decisores de marketing. As informações transferidas ao gestor de marketing devem atender a sua necessidade de dados para as tomadas de decisão; além disso, as informações devem ser precisas e confiáveis e precisam chegar no tempo certo. De nada adianta, por exemplo, uma informação sobre a mudança do comportamento do consumidor chegar depois que a concorrência já lançou um produto para atendê-la. O SIM deve ser capaz de identificar tendências de mercado que possam revelar-se oportunidades a serem aproveitadas pela empresa. Por fim, os próprios gestores de marketing devem alimentar constantemente os responsáveis pelo SIM com as avaliações sobre as informações obtidas, bem como sobre as suas necessidades de informações propriamente ditas.

Essa avaliação das necessidades dos gestores deve prever o cruzamento entre o que eles pensam que precisam, o que eles realmente necessitam e o que é realmente viável. Algumas informações são muito custosas para a empresa; nesse caso, o gestor deve fazer uma reflexão sobre a real necessidade dessa informação e sobre a real importância desta para o processo de tomada de decisão.

Os profissionais de marketing precisam de muito mais informações e análises do que eles têm disponíveis atualmente. Sem informações, as tomadas de decisão de marketing ficam extremamente prejudicadas, sendo que decisões erradas podem trazer prejuízos enormes à empresa. As reclamações mais frequentes dos gestores de marketing em relação a esse assunto são as seguintes:

- há insuficiência de informações corretas;
- a informação fica dispersa na empresa;
- alguns escondem a informação;
- há atrasos na chegada de informações importantes;
- é difícil saber se a informação é exata.

É preciso ressaltar, entretanto, que uma boa quantidade de informações em mãos não elimina o julgamento do profissional de marketing, que sempre deverá pensar em como transformar essas informações em uma ação de marketing bem-sucedida, partindo do seu julgamento pessoal e do seu *feeling*. Mas é consenso entre os profissionais de marketing que, quanto maior o grau de pesquisa, menor o risco no processo de tomada de decisão. Por outro lado, uma decisão tomada sem nenhum grau de pesquisa é extremamente arriscada. Esse processo de minimização do risco, à medida que aumenta o grau de pesquisa, é válido para todas as fases do processo de marketing, ou seja, para as etapas de análise, planejamento, implementação e controle.

(9.2)

Componentes de um SIM

Os principais componentes de um SIM são: registros internos da empresa, atividades de inteligência de marketing, pesquisa de marketing e análise de suporte à decisão de marketing. A pesquisa de marketing é uma área tão vasta e abrangente que dedicaremos o Capítulo 10 somente para falar sobre ela. Neste capítulo, abordaremos os outros componentes do SIM, começando pelo sistema de registros internos.

Sistema de registros internos

Os dados disponibilizados no sistema de registros internos são dados de resultados, como dados sobre os pedidos de clientes, para acompanhamento desses pedidos; dados sobre as vendas em si; dados sobre preços praticados pelas empresas e custos de manufatura dos produtos; dados sobre os níveis de estoque; data de recebimento de mercadorias; contas a receber, contas a pagar; e assim por diante. Enfim, são todas as informações que muitas vezes estão perdidas dentro da empresa e que precisam ser organizadas.

Um dos controles do sistema de registros internos é o chamado *ciclo pedido-pagamento*, que reflete o controle de um pedido desde o momento em que este entra na empresa até o final do ciclo, quando o cliente paga pela mercadoria recebida. A figura a seguir demonstra os diversos passos do ciclo pedido-pagamento.

Figura 9.1 – Ciclo pedido-pagamento

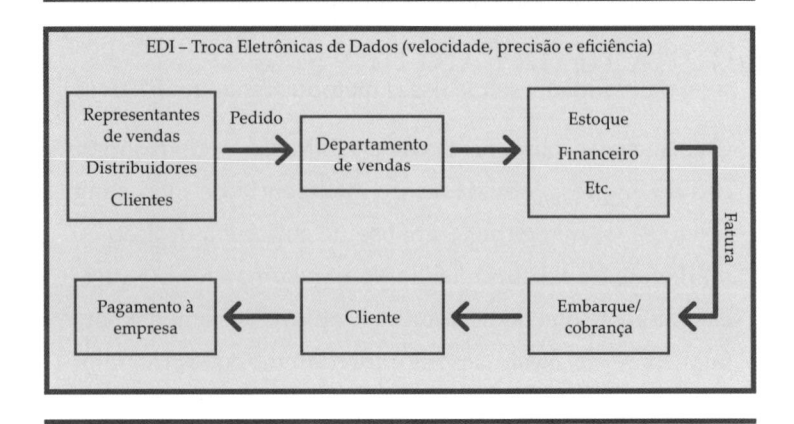

```
┌─────────────────────────────────────────────────────────────────┐
│         EDI – Troca Eletrônicas de Dados (velocidade, precisão e eficiência)  │
│                                                                 │
│   ┌──────────────┐  Pedido   ┌──────────────┐   ┌──────────────┐│
│   │Representantes│──────────▶│ Departamento │──▶│   Estoque    ││
│   │  de vendas   │           │   de vendas  │   │  Financeiro  ││
│   │ Distribuidores│          │              │   │    Etc.      ││
│   │   Clientes   │           │              │   │              ││
│   └──────────────┘           └──────────────┘   └──────────────┘│
│                                                         │ Fatura│
│   ┌──────────────┐           ┌──────────────┐   ┌──────────────┐│
│   │  Pagamento à │◀──────────│   Cliente    │◀──│  Embarque/   ││
│   │    empresa   │           │              │   │   cobrança   ││
│   └──────────────┘           └──────────────┘   └──────────────┘│
└─────────────────────────────────────────────────────────────────┘
```

O ciclo pedido-pagamento se inicia quando um pedido é encaminhado ao Departamento de Vendas da empresa, por meio de representantes de vendas, distribuidores ou, até mesmo, diretamente pelos clientes. Do Departamento de Vendas, o pedido é encaminhado para os demais departamentos envolvidos no processo, como o Estoque, o Financeiro e outros, gerando, inclusive, uma fatura. Os departamentos envolvidos providenciam a entrega dos produtos aos clientes, bem como a cobrança dos valores devidos. Por fim, o cliente efetua o pagamento à empresa. Alguns programas de *Eletronic Data Interchange* – EDI (Troca Eletrônica de Dados) permitem que esse processo ocorra de uma maneira mais rápida, precisa e eficiente.

Sistema de informações de vendas

O sistema de informações de vendas é um dos elementos de um sistema de registros internos, que se encarrega da monitoração das vendas, das informações sobre clientes regulares ou clientes potenciais, muitas vezes por meio de ferramentas de CRM e das previsões de vendas. Prever as vendas é um grande desafio, pois é muito difícil afirmar o que as pessoas irão comprar no futuro. Mas há métodos para que a previsão de vendas chegue o mais próximo possível da realidade, sendo esses métodos tanto qualitativos quanto quantitativos. A previsão de vendas se torna um desafio ainda maior quando se trata de um produto novo, em relação ao qual não existem dados históricos sobre suas vendas em períodos anteriores.

Sistema de inteligência de marketing

O sistema de inteligência de marketing se concentra em coletar dados de eventos que ocorrem no ambiente de marketing. A figura a seguir representa como funciona esse sistema.

Figura 9.2 – Sistema de inteligência de marketing

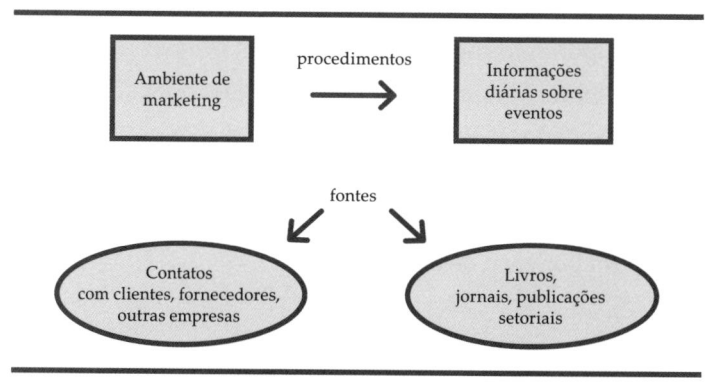

Ambiente de marketing	procedimentos →	Informações diárias sobre eventos

fontes

- Contatos com clientes, fornecedores, outras empresas
- Livros, jornais, publicações setoriais

O sistema de inteligência de marketing utiliza determinados procedimentos para coletar informações diárias sobre eventos que ocorrem no ambiente de marketing em geral. As fontes utilizadas para essa coleta de informações são livros, jornais, publicações setoriais, contatos com clientes, fornecedores e, até mesmo, outras empresas que podem ou não atuar no mesmo setor. O grande benefício de um sistema de inteligência de marketing é coletar essas informações que estão soltas no ambiente e organizá-las de forma a ajudar o gestor a tomar decisões. Uma empresa que utiliza esse sistema, por meio de um programa chamado *Radar*, é a AGCO, uma importante fabricante de máquinas agrícolas, localizada no Rio Grande do Sul.

Sistema de suporte às decisões de marketing

Outro componente de um sistema de informações de marketing é o sistema de suporte às decisões de marketing, que consiste na disponibilização de sistemas de *software* e/ou *hardware* que tornem possíveis e disponíveis as informações dos registros internos e da inteligência da empresa, possibilitando, inclusive, a análise e a inter-relação dessas informações. O sistema de suporte às decisões serve como base para a ação de marketing.

Para que uma iniciativa de SIM dê certo, entretanto, é muito importante conscientizar todas as pessoas da organização sobre a importância da observação, coleta e transmissão de dados existentes nas interfaces com os clientes. Os sistemas e programas de computador não fazem nada sozinhos, eles precisam de pessoas para alimentá-los e para fazer bom uso deles.

Atividades

1. Qual dos seguintes casos é uma queixa dos profissionais de marketing sobre as informações que passam por eles?
   a. Informações vitais são disponíveis.
   b. As informações chegam a tempo para a tomada de decisão.

c. As informações se encontram em um local centralizado para o fácil acesso.
d. Há muitas informações equivocadas e não há suficientes informações corretas.
e. É fácil determinar quando a informação é acurada.

2. José tem um sistema em seu computador que lhe permite registrar diariamente os recibos de vendas, a quantidade de clientes que entraram na loja, por sexo e idade, o número de funcionários que trabalha a cada hora, os produtos comprados por número de estoque, condições climáticas e entregas de fornecedores. O sistema também lhe permite manipular esses dados para construir modelos e emitir relatórios para a matriz, quando estes são solicitados. Em qual das seguintes decisões o sistema NÃO poderia auxiliar José em sua tomada de decisão?
   a. Decisões sobre novas encomendas.
   b. Decisões de programação do pátio de carga.
   c. Decisões de horário dos funcionários.
   d. Previsão de exigências de aquecimento e refrigeração da loja.
   e. Onde colocar um novo produto na loja para maximizar o apelo de vendas.

(10)

Pesquisa de marketing*

* *Este capítulo foi fundamentado em Mattar (2000); Malhotra (2005); Samara (2006).*

Valesca Persch Reichelt

Neste capítulo, trataremos sobre um tema que está sempre presente quando se fala em *marketing*: a pesquisa de mercado. Podemos dizer que não existe marketing sem pesquisa, pois é muito importante conhecer os mais diversos fatores do ambiente que o envolve, seja o comportamento do consumidor, seja a concorrência ou muitos outros elementos. As coisas mudam constantemente e é preciso que nos adaptemos a essas mudanças. Essa é a ótica da pesquisa de mercado, que parte do pressuposto de que em time que está ganhando se mexe, sim! Isso porque, se a empresa não for rápida nas suas decisões, ela pode abrir precedentes para que outras empresas lancem suas inovações ou atendam mais rapidamente a uma nova necessidade do consumidor.

Em recente pesquisa da revista *Meio & Mensagem* (Silva, 2008) foram levantadas as principais características dos profissionais de marketing, e uma delas foi que 48% deles acredita que o profissional dessa área conhece o seu cliente ou consumidor. Porém, em uma outra pesquisa apresentada no jornal *Meio & Mensagem* (Profissional de Marketing, 2008), 75% dos consumidores brasileiros dizem estar insatisfeitos com os produtos ou serviços que recebem e 67% afirmam que suas expectativas são atendidas apenas raramente.

Como explicar essa diferença de percepção entre os gestores de marketing e os consumidores? A única explicação é que está faltando pesquisa. Falta ouvirmos o consumidor para sabermos o que fazer para melhor atendê-lo. Se as empresas escutarem o que os clientes têm a dizer, elas podem melhorar muitos aspectos de seus serviços, obtendo clientes mais fiéis, além de maiores índices de lucratividade. A mesma pesquisa veiculada na revista mencionada anteriormente também revelou que, em média, 4% do orçamento de marketing das empresas é direcionado a pesquisas. A boa notícia é que 61% dos entrevistados dessa pesquisa dizem que a tendência é que esse número aumente.

É importante participar da vida como ela é, ir aonde os consumidores estão e participar mais ativamente do processo. Podemos dizer que a pesquisa de marketing é a função que liga o consumidor, o cliente e o público ao profissional de marketing, por meio de informações – estas usadas para identificar e definir oportunidades e problemas de marketing. É também função da pesquisa gerar, refinar e avaliar ações de marketing, monitorar o seu desempenho e melhorar o entendimento do marketing como um processo.

Existe uma necessidade crescente de entender o consumidor, seus hábitos, suas atitudes e suas percepções. Mudanças muito diversas têm ocorrido e novas tendências demográficas surgem a todo instante. Esses novos hábitos e estilos têm influência direta na forma como os consumidores escolhem as soluções que precisam e, logicamente, nas suas compras de produtos e serviços.

O consumidor está em constante mutação, sendo influenciado por diversos fatores externos e também internos. A pesquisa de mercado também está evoluindo para acompanhar essas mudanças do consumidor, tornando-se mais segmentada e voltada para a definição e a descrição de perfis psicográficos – não apenas voltados para as características demográficas dos consumidores. Por exemplo: a tendência atual em pesquisa de mercado é que não basta apenas saber que uma mulher é casada, que se chama Maria, que tem 35 anos, que tem dois filhos e que pertence à classe A. Atualmente, essas informações são básicas e acabam ajudando pouco o profissional de marketing a tomar decisões.

Isso ocorre também porque os indivíduos são, na realidade, "multivíduos", o que significa que eles assumem diversos papéis sociais ao longo do seu cotidiano. Ou seja, Maria, além de tudo o que falamos, é também uma boa amiga, uma profissional da área da saúde, voluntária em projetos sociais, estudante de inglês, praticante regular de ioga, filha de pais da terceira idade que gostam muito de viajar e ainda esposa de um advogado bem-sucedido. Com essas informações, é possível desenvolver produtos e serviços mais adequados para cada perfil dessa consumidora em específico.

Portanto, a pesquisa de mercado deve ir além dos dados demográficos e descobrir como pensam seus consumidores, quais são as suas aspirações, suas necessidades, o que eles fazem, ou seja, quais são seus comportamentos e atitudes, em que eles acreditam – quais são suas crenças e percepções e onde elas estão –, quais são os pontos de contato por meio dos quais é possível interagir com esses consumidores. Além disso, a pesquisa de mercado deve contemplar diferentes momentos do processo de compra do consumidor, como vemos na figura a seguir.

Figura 10.1 – Pesquisa de mercado

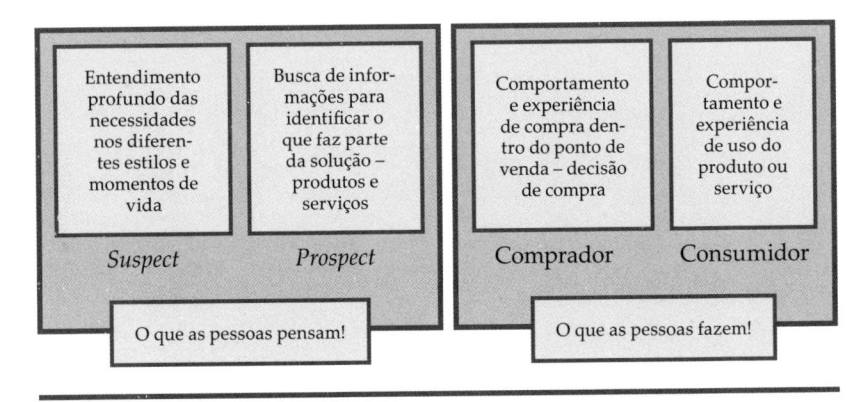

Entendimento profundo das necessidades nos diferentes estilos e momentos de vida	Busca de informações para identificar o que faz parte da solução – produtos e serviços	Comportamento e experiência de compra dentro do ponto de venda – decisão de compra	Comportamento e experiência de uso do produto ou serviço
Suspect	*Prospect*	Comprador	Consumidor
O que as pessoas pensam!		O que as pessoas fazem!	

Fonte: Aun, 2005.

Suspects são aquelas pessoas que se encaixam no perfil de futuros clientes da empresa, mas que ainda não compram. É preciso obter um entendimento profundo das necessidades dos *suspects*, nos diferentes estilos e momentos da vida. Os *prospects* também são indivíduos que ainda não compram os produtos da empresa, mas têm um diferencial em relação aos *suspects*: possuem poder de compra (ou seja, recursos financeiros) e são os responsáveis pela decisão de compra de determinado produto ou serviço.

No caso dos *prospects*, a pesquisa deve desvendar o que exatamente faz parte da solução buscada pelo cliente e que pode ser atendida por meio de algum produto ou serviço. Outros elementos de análise são o perfil do comprador – que envolve estudar o comportamento das pessoas no momento das suas compras –, e o modo como são decididos os produtos no ponto de venda. Há também o estudo sobre o consumidor, ou seja, estudo do comportamento e das experiências de uso dos produtos por parte dos consumidores.

Obter todas essas informações e interpretá-las é algo realmente muito desafiador, por isso é importante adotarmos processos sistemáticos de pesquisa de mercado que viabilizem que as informações sejam obtidas e interpretadas da melhor maneira possível. Assim, a pesquisa de marketing pode ser conceituada como:

> *Elaboração, coleta, análise e edição de relatórios sistemáticos de dados e descobertas relevantes sobre uma situação específica de marketing enfrentada por uma empresa.*

A pesquisa de marketing surge de uma situação na empresa que precisa ser resolvida, um questionamento. O questionamento poderia, por exemplo, ser o seguinte: "Devo lançar um novo produto no mercado neste momento?" ou "Para qual público-alvo devo destinar o produto que desenvolvemos?". A situação deve ser JUSTIFICÁVEL, ou seja, a questão a ser respondida deve ser suficientemente importante para justificar a realização de uma pesquisa. A partir desse ponto, deve ser avaliada a VIABILIDADE de realização da pesquisa, em termos tanto de tempo como de recursos financeiros. Nesse momento, cabe a pergunta: "Temos tempo hábil para realizar a pesquisa?". A empresa não pode correr o risco de adiar demais a tomada de uma decisão importante por estar aguardando o resultado de uma pesquisa de mercado. Da mesma forma, é preciso verificar se existem recursos financeiros disponíveis para o investimento em pesquisa e se a decisão a ser tomada com base nas informações obtidas com esse instrumento é suficientemente importante para justificar a utilização desses recursos financeiros.

Existem outras questões que se referem à viabilidade, como a possibilidade de se obter as informações desejadas com a pesquisa. Dificilmente uma pesquisa será capaz de descobrir as intenções estratégicas do concorrente para o próximo ano. Algumas informações, por serem sigilosas ou constrangedoras, são muito difíceis de serem obtidas por meio de pesquisa. Feitas essas considerações, é possível, então, passar para a etapa de definição dos OBJETIVOS de pesquisa.

Algumas empresas possuem departamentos particulares de pesquisa. Em geral, são empresas de grande porte e com uma constante necessidade de obter informações de mercado, o que justifica os recursos investidos na manutenção de um departamento de pesquisa de mercado dentro da própria empresa. As empresas que não possuem departamento de pesquisa podem realizar as suas pesquisas de marketing por meio da contratação de alguns fornecedores. Alguns possíveis fornecedores de pesquisa são:

- estudantes/professores universitários;
- internet;
- institutos de pesquisa.

As universidades são importantes fontes de pesquisa de mercado, por meio do trabalho de seus estudantes e professores. Outra fonte de consulta possível é a própria internet, que possui muitas informações disponíveis sobre todos os assuntos. Lá, existem bibliotecas virtuais e diversos estudos e pesquisas disponíveis, que podem trazer informações muito úteis para um gestor de marketing. Entretanto, na internet, é preciso tomar muito cuidado para separar as informações que realmente podem ser utilizadas, pois há muitas com pouco embasamento e que não são confiáveis.

Há ainda os institutos de pesquisa, cuja atividade principal é a realização de pesquisas para as empresas ou entidades que delas precisam. Esses institutos realizam pesquisas que podem ser *ad hoc* ou de estudos regulares. Os ESTUDOS REGULARES são aqueles feitos com determinada frequência, são estudos realizados constantemente e que não atendem aos interesses de um contratante específico. Os relatórios desses estudos estão disponíveis para compra ou, em alguns casos, são cedidos gratuitamente. Exemplos de estudos regulares são os realizados pelo Instituto Brasileiro de Geografia e Estatística (IBGE) e pelo Instituto Ipsos, que faz pesquisas de mídia e comportamento do consumidor. Outro exemplo é o AC Nielsen, instituto responsável por elaborar relatórios de pesquisas sobre o varejo.

Esses e outros institutos fazem também as PESQUISAS AD HOC, que são aquelas realizadas especificamente para atender aos objetivos de pesquisa de uma empresa contratante. Nesse caso, os resultados são apenas do contratante da pesquisa, que deverá decidir se quer divulgar os resultados ou não. O instituto de pesquisa deverá seguir a regra de sigilo em relação aos resultados encontrados na pesquisa.

Uma pesquisa de marketing deve ser realizada em quatro etapas, que são:

- ETAPA 1: formulação do problema/objetivo da pesquisa;
- ETAPA 2: planejamento da pesquisa;
- ETAPA 3: execução da pesquisa;
- ETAPA 4: comunicação dos resultados.

Na primeira etapa, que envolve a definição dos objetivos, há dois cuidados que devem ser tomados: estabelecer de forma bastante clara o que deverá ser pesquisado, para que a pesquisa traga efetivamente auxílio para a tomada de decisão, e ter muito claro que o objetivo da pesquisa não é o objetivo organizacional. Ele pode até contribuir para esse objetivo, mas está sempre ligado à busca de alguma informação. Por exemplo: uma empresa pode ter o objetivo de aumentar as vendas, mas esse não é o seu objetivo de pesquisa. Este poderia ser, por exemplo, descobrir as causas da recente redução das vendas da empresa, utilizando-se de uma análise do mercado.

Com base nos objetivos da pesquisa, é possível definir se esta será uma pesquisa exploratória, descritiva ou causal. A PESQUISA EXPLORATÓRIA tem a função de ajudar a definir melhor a real natureza do problema, descobrir novas ideias e percepções e gerar hipóteses. Esse tipo de pesquisa se preocupa mais com a qualidade das informações do que com a quantidade. A PESQUISA DESCRITIVA, por sua vez, define dimensões e quantidades, estudando com que frequência algo ocorre e estabelecendo relações entre variáveis. O último tipo de pesquisa – a CAUSAL – procura esclarecer relações do tipo causa-efeito, por meio de comparações e de experimentos de campo. Um exemplo de pesquisa causal são os lançamentos de produtos novos que algumas empresas fazem apenas em determinadas cidades, para testar o produto antes de lançá-los no mercado nacional.

Assim, uma pesquisa de mercado pode ter caráter quantitativo ou qualitativo. Uma pesquisa qualitativa, ou "quali", faz uma análise mais profunda, porém sem mensurações e, portanto, com menor possibilidade de generalizações. Isso significa que, por meio de uma pesquisa qualitativa, podemos descobrir muitas informações novas dos consumidores, mas teremos dificuldades em constatar se todos os consumidores pensam de uma mesma forma.

As pesquisas de caráter quantitativo, ou "quanti", por sua vez, utilizam amostras maiores, porém são mais superficiais nas informações obtidas. Os resultados podem receber tratamento estatístico e, conforme os índices de erro amostral, é possível generalizar os resultados: o chamado *processo de inferência estatística*. Ou seja, podemos dizer, com certa margem de erro, como as pessoas da população se comportarão, com base nos dados obtidos em uma amostra. Um exemplo desse processo são as pesquisas de intenção de voto, que são típicas pesquisas quantitativas.

Depois de definidos o objetivo e o tipo de pesquisa que será realizada, podemos, então, partir para a segunda etapa, que é o planejamento da pesquisa. O planejamento envolve as seguintes atividades:

- definição da fonte dos dados;
- abordagem de pesquisa;
- instrumento de coleta de dados;
- plano de amostragem;
- métodos de contato.

A DEFINIÇÃO DA FONTE DOS DADOS determina se serão utilizados dados primários ou secundários. Os dados primários são aqueles coletados especificamente para uma investigação. Já os dados secundários são dados coletados para outro propósito que não o estudo em questão, mas que podem ser aproveitados para esse estudo. A ABORDAGEM DE PESQUISA diz respeito à técnica que será utilizada para a coleta dos dados. Uma abordagem de pesquisa muito utilizada é o levantamento, que consiste na aplicação de questionários. Existe ainda a observação, os dados comportamentais, os grupos focais e a pesquisa experimental.

O INSTRUMENTO DE COLETA DE DADOS é a forma de registro que será utilizada para coletar as informações necessárias para a pesquisa. O instrumento mais empregado é o questionário, mas existem também instrumentos mecânicos para esse fim, como câmeras oculares e outros tipos de medidores. O PLANO DE AMOSTRAGEM define quem será pesquisado, ou seja, qual o perfil da amostra pesquisada e, ainda, a quantidade de pessoas que devem fazer parte da amostra. Os MÉTODOS DE CONTATO podem ser: pessoal, por telefone, por correio, via internet etc.

Terminado o planejamento da pesquisa, pode-se dar início a sua execução, que consiste na terceira etapa. A execução compreende a coleta de dados em si, que corresponde à obtenção efetiva dos dados com os pesquisados. Esses dados devem ser tabulados e organizados de forma que possam passar pelo processo de interpretação. No caso das pesquisas qualitativas, essa interpretação se baseia na análise de conteúdo da transcrição das entrevistas ou grupos focais. No caso das pesquisas quantitativas, são utilizadas técnicas estatísticas univariadas e multivariadas para ajudar na compreensão dos dados pesquisados.

Por fim, chegamos à última etapa da pesquisa, que é a apresentação das conclusões. O maior desafio, nessa etapa, é transformar todos os dados obtidos em informações que possam ser claras e possam apoiar a decisão dos gestores de marketing. Para isso, podem ser usados recursos visuais, como gráficos e tabelas.

Atividade

1. Avalie se as alternativas são verdadeiras (V) ou falsas (F):

   ( ) Haroldo se posicionou na frente de sua loja para ver se os compradores trazem crianças consigo ao fazerem compras. Ele está pensando em acrescentar uma vitrine de brinquedos à loja. Haroldo está realizando uma forma de pesquisa descritiva.

   ( ) Ao realizar pesquisas em outros países, os profissionais de marketing frequentemente saltam diretamente para a coleta de dados primários, porque a pesquisa de dados secundários é mais cara e demorada.

   ( ) O processo da pesquisa de marketing começa quando alguém na organização tem um problema que exige informações para ser resolvido.

   Marque a alternativa que corresponde à sequência correta:
   a. V, V, F.
   b. V, F, V.
   c. F, F, V.
   d. F, V, F.
   e. V, V, V.

Referências

ABEP – Associação Brasileira de Empresas de Pesquisa. Adoção do CCEB 2008. *Critério de Classificação Econômica Brasil*. jan. 2008. Disponível em: <http://www.abep.org/codigosguias/AdocaoCCEB2008.pdf>. Acesso em: 27 jan. 2009.

ABREU, C. B. Serviço pós-venda: a dimensão esquecida do Marketing. *RAE – Revista de Administração de Empresas*, São Paulo, v. 36, n. 3, p. 24-31, jul./ago./set. 1996.

ALBRECHT, K. *A única coisa que importa*: trazendo o poder do cliente para dentro da sua empresa. São Paulo: pioneira, 1999.

_____.*Revolução nos serviços*: como as empresas podem revolucionar a maneira de tratar seus clientes. São Paulo: Pioneira, 1992.

AMARAL, B. Relações públicas. *A hierarquia de necessidades de Maslow*. Disponível em: <http://www.brunoamaral.com/post/a-hierarquia-de-necessidades-de-maslow/>. Acesso em: 27 jan. 2009.

AUN, A. *Pesquisa de mercado*: em terra de cego, quem tem um olho é rei! Instituto Empreender Endeavor, 23 fev. 2005. Disponível em: <http://endeavor.idmc.com.br/info.asp?Palestra_ID=181>. Acesso em: 28 jan. 2009.

BEKIN, S. F. *Endomarketing*: como praticá-lo com sucesso. São Paulo: Pearson Prentice Hall, 2004.

BERRY, L. L.; PARASURAMAN, A. *Serviços de marketing*: competindo através da qualidade. São Paulo: Maltese, 1995.

COBRA, M. *Administração de marketing no Brasil*. São Paulo: Cobra Editora & Marketing, 2005.

CRESCITELLI, E.; OGDEN, J. R. *Comunicação integrada de marketing*: conceitos, técnicas e práticas. 2. ed. São Paulo: Pearson Prentice Hall, 2007. v. 1.

ENGEL, J. F.; BLACKWELL, R.; MINIARD, P. W. *Comportamento do consumidor*. Rio de Janeiro: LTC, 2000.

ESTUDO mostra as implicações econômicas das mudanças demográficas. *Exame*, São Paulo, 17 abr. 2004. Disponível em: <http://portalexame.abril.com.br/degustacao/secure/degustacao.do?COD_SITE=35&COD_RECURSO=211&URL_RETORNO=http://portal exame.abril.com.br/economia/m0157433.html>. Acesso em: 28 jan. 2008.

FACULDADE ESTÁCIO DE SÁ. Provão 2002. *Sistema de Avaliação Da Educação Superior*. Santa Catarina, 2002. Disponível em: <http://www.sc.estacio.br/portal/component/option,com_docman/task,doc_view/gid,619/Itemid,277/>. Acesso em: 27 jan. 2009.

FENABRAVE – Federação Nacional da Distribuição de Veículos Automotores. *Anuário da distribuição de veículos automotores no Brasil*. 2007. Disponível em: <http://www.tela.com.br/download/anual_2007.pdf>. Acesso em: 27 jan. 2009.

FERREL, O. C.; HARTLINE, M. D. *Estratégia de marketing*. São Paulo: Thomson Learning, 2005.

FULD, L. M. *Inteligência competitiva*: como se manter à frente da concorrência e do mercado. Rio de Janeiro: Campus, 2007.

GALE, B. T. *Gerenciando o valor dos clientes*. São Paulo: Pioneira, 1996.

GIGLIO, E. M. *O comportamento do consumidor*. São Paulo: Pioneira, 2002.

GOMES, E.; BRAGA, F. *Inteligência competitiva*: como transformar informação em um negócio lucrativo. Rio de Janeiro: Campus, 2001.

HOOLEY, G. J. *Estratégia de marketing e posicionamento competitivo*. 3. ed. São Paulo: Pearson Prentice Hall, 2006.

KARSAKLIAN, E. *Comportamento do consumidor*. São Paulo: Atlas, 1999.

KELLER, K. L.; MACHADO, M. *Gestão estratégica de marcas*. São Paulo: Pearson Prentice Hall, 2006.

KOTLER, P. *Princípios de marketing*. 9. ed. Rio de Janeiro: Pearson Prentice Hall, 2005.

KOTLER, P.; KELLER, K. *Administração de marketing*. 12. ed. São Paulo: Pearson, 2006.

LAMB JUNIOR, C. W.; HAIR JUNIOR, J. F.; McDANIEL, C. *Princípios de marketing*. São Paulo: Thomson Learning, 2004.

LEVITT, T. *A imaginação de marketing*. São Paulo: Atlas, 1995.

LOVELOCK, C.; WIRTZ, J. *Marketing de serviços*: pessoas, tecnologia e resultados. São Paulo: Pearson Prentice Hall, 2006.

LUPETTI, M. *Gestão estratégica da comunicação mercadológica*. São Paulo: Thomson Learning, 2007.

MAGALHÃES, M. F.; SAMPAIO, R. *Planejamento de marketing*: conhecer, decidir e agir, do estratégico ao operacional. São Paulo: Pearson Prentice Hall, 2007.

MALHOTRA, N. K. *Introdução à pesquisa de marketing*. São Paulo: Pearson Prentice Hall, 2005.

MATTAR, F. N. *Pesquisa de marketing*. São Paulo: Atlas, 2008.

MOWEN, J. C.; MINOR, M. S. *Comportamento do consumidor*. São Paulo: Pearson Prentice Hall, 2003. 403 p.

NEVES, M. F. *Planejamento e gestão estratégica de marketing*. São Paulo: Atlas, 2005.

PEPPERS, D.; ROGERS, M. *CRM Series*: marketing 1 to 1. Rio de Janeiro: Peppers and Rogers Group, 2000.

_____. *Marketing de relacionamento*: marketing individualizado na era do cliente. Rio de Janeiro: Campus; 1996.

PINE II, B. J.; PEPPERS, D.; ROGERS, M. Do you want to keep your customers forever? *Harvard Business Review*, New York, p. 103-114, mar./apr. 1995.

PORTER, M. E. *Competição*: estratégias competitivas essenciais. Rio de Janeiro: Campus, 1999.

PROFISSIONAL DE MARKETING. Criatividade, ousadia e confiança no futuro: essas e outras características estão em pesquisa do Ibope que ouviu mais de 300 executivos para definir o atual perfil da categoria. *Meio & Mensagem*, São Paulo, p. 4-8, mar. 2008.

RAPP, S.; COLLINS, T. *O novo maximarketing*. São Paulo: Makron Books, 1996.

RICHERS, R. *O que é marketing*. São Paulo: Brasiliense, 2006.

ROCHA, T. V. *A utilização dos programas de fidelização como diferencial competitivo no setor serviços*. São Paulo, 1998. Dissertação (Mestrado em Mercadologia)-Fundação Getúlio Vargas.

SAMARA, B. B. *Pesquisa de marketing*: conceitos e metodologia. 3. ed. São Paulo: Pearson, 2006.

SILVA, F. G. da; ZAMBON, M. S. (Org.). *Gestão do relacionamento com o cliente*. São Paulo: Thomson Learning, 2006.

SILVA, S. Marketing direto cresce 15,2% em 2007. *Meio & Mensagem*, São Paulo, mar. 2008. Disponível em: <http://www.meioemensagem.com.br/novomm/br/conteudo_maiusculo/index.jsp?Marketing_direto_cresce_15_2__em_2007>. Acesso em: 28 jan. 2009.

SRIVASTAVA, R. K. et al. Marketing, business processes and shareholder value: an organizationally embedded view of marketing activities and the discipline of marketing. *Journal of Marketing*, v. 63, p. 168-179, 1999.

STEVENS, R. et al. *Planejamento de marketing*: guia dos processos e aplicações práticas. São Paulo: Makron Books, 2001.

ZENONE, L. C.; BUAIRIDE, A. M. R. *Marketing da promoção e merchandising*. São Paulo: Thomson Learning, 2005.

ZIKMUND, W. G. *Princípios da pesquisa de marketing*. São Paulo: Thomson Learning, 2006.

Gabarito

Capítulo 1
1. d
2. b

Capítulo 2
1. c
2. a

Capítulo 3
1. a
2. a

Capítulo 4
1. e
2. d

Capítulo 5
1. e
2. a

Capítulo 6
1. a

Capítulo 7
1. d
2. c

Capítulo 8
1. e
2. d

Capítulo 9
1. d
2. e

Capítulo 10
1. b

Impressão: Gráfica Fotolaser
Fevereiro/2016